检察 调研与指导

2018年 第6辑（总第25辑）

主办 / 最高人民检察院法律政策研究室
　　　检察日报社

主编 / 万　春　李雪慧

中国出版集团
研究出版社

主　　　任 | 万　春　李雪慧

副 主 任 | 徐建波　王建平　线　杰

委　　　员 | （以姓氏笔画为序）

丁校波　王　磊　王国忠　王秋丽　王保权　王媛媛

卢宇蓉　乐绍光　冯耀辉　吕天奇　朱春莉　刘　明

刘曙光　闫俊瑛　孙　宇　苏金基　李　政　李　萍

李梦林　杨英华　杨新义　吴孟栓　张　飞　张　宇

张宏思　张登高　沈迪满　陈友聪　罗　军　金　石

庞立强　胡春健　赵国华　贾乃吉　黄祖帅　曾庆云

曾　翀

主　　　编 | 万　春　李雪慧

执 行 主 编 | 线　杰

编辑部主任 | 张志玲

编辑部副主任 | 杨安瑞　刘金林

编 辑 主 管 | 张佳立

编　　　辑 | 俞　楠　张　慧

美 术 编 辑 | 姚　雯

发 行 主 管 | 左　静

编 辑 热 线 | 010-86423511　86423350　88953983

订 阅 热 线 | 010-86423512　86423525

投 稿 邮 箱 | jcdyyzd@163.com

目 录
CONTENTS

· 司改前沿 ·

001　检察建议"案件化"办理工作模式探讨

江苏省人民检察院课题组

005　司法改革背景下完善检察机关统一业务应用系统之设想

陈远翔

· 工作研究 ·

007　检察公益诉讼操作层面相关问题探讨

曾晓虹

011　"枫桥经验"应用于未成年人检察工作研究
　　　——以未成年人网络犯罪治理为切入点

门植渊

015　新时期基层检察调研工作的开展

李领臣　丁丽丽

019　关于基层检察院办案专业化建设的思考

黄玉林　郑潘柯　周新文

· 调查报告 ·

022　《关于公安机关办理经济犯罪案件的若干规定》执行情况调研报告

吴海丽　曾昌斌

027 惩防涉药类犯罪实证研究

  ——以近3年盐城市检察机关办案数据为样本

                     孟庆松 王 剑

031 青少年司法专业社工参与涉罪未成年人帮教工作实证分析

  ——以浙江省诸暨市"检馨"青少年司法专业社工服务队为对象

                      郭滢姗 金纯盈

035 醉酒型危险驾驶罪量刑问题研究

                           李 旭

038 破坏国家重点保护植物犯罪实证研究

                     彭明伦 苏 晗

·案例剖析·

041 伪造股东签名非法占有、转让股权行为的定性分析

                      张 恺 王 展

044 盗取附条件使用的电商优惠券行为的认定

                     张洪阁 董 彬

047 在管理松散的小区内部路段醉酒驾车行为之定性

                      向 波 李 毅

·实务研究·

050 庭审实质化背景下示证质证问题探析

                          任红梅

053 利用"支付宝"二次侵财犯罪定性研究

                          刘嘉亮

058 第三方支付中涉互联网支付犯罪问题研究

                          陈龙鑫

063 羁押抵刑的刑期计算研究

               陈宇华 吴燕燕 严文君

067 盗抢案件证据陷阱及识别方法

    ——以3年盗抢案件为样本

                                                  刘莺莺

071 非法侵入网络摄像头犯罪案件的办理和防范

                                                  郭运东

075 生产、销售假药罪司法认定若干问题研究

                                   李晓龙 陶孟英

079 毒品案件涉及辅料问题的定性分析

                                                孙 超

082 财产刑执行检察监督的问题及完善路径

                                   杨海涛 侯林超

085 浅析"法律规定的国家考试"的理解与适用

    ——以建造师执业资格考试为例

                                                林 国

· 机制构建 ·

088 智慧检务背景下案件管理机制研究

                                   华东升 周 婧

091 刑事执行检察跨区域协作机制研究

                                                郝连根

094 大数据+检察监督管理运行创新机制探讨

                         马晓怡 张俊杰 周青叶

· 经验交流 ·

097 刑事执行检察工作项目化管理的实践探索

                              湖北省人民检察院汉江分院课题组

101 打造"1+6"检察公益诉讼样本，实现有效监督

                                                丁海江

·理论探讨·

103 以危险方法危害公共安全罪的实践认定研究

邢小兵　张仁杰　李德胜

108 危险驾驶犯罪法律实施有效性的规制

天津市宝坻区人民检察院课题组

112 设立中公司应属于"其他单位"

马如意

·检察长论坛·

116 重视基层检察工作挑战　提供高品质司法服务

姚广平

119 公益诉讼诉后监督应予重视

王英芳

·观点摘要·

121 对刑法中的"行凶"建议尽快作出明确解释

冯　强

123 拖欠银行通过信用卡发放的"万用金"不宜认定为恶意透支

刘晓溪

125 公益诉讼案件证据调查权初探

杨若梅

·检察文苑·

127 做新时代守护正义的"燃灯者"

孙静翊

检察建议"案件化"办理工作模式探讨

江苏省人民检察院课题组★

重大监督事项"案件化"办理工作模式，是检察机关推进监督事项从"办事模式"向"办案模式+办事模式"转变的重要举措，①也是检察机关强化法律监督主责主业的有益探索，有利于规范监督权力，激发监督效能，提升监督权威。重大监督事项"案件化"办理工作模式的基本要素，包括办理过程的案卷化、调查结果的证据化、办理流程的程序化、决定宣告的仪式化、决定执行的规范化。

检察建议是检察机关履行法律监督职责、参与社会综合治理的重要形式，在重大监督事项"案件化"办理工作体系中占据关键地位。构建检察建议"案件化"办理工作模式，有助于提升检察监督质量，落实检察监督责任，增强检察监督公信。检察建议"案件化"办理工作模式，高度强调工作机制作用，即发挥线索管理机制、立案调查机制、制发送达机制、回访监督机制、评估归档机制、考评管理机制的作用。

一、规范线索管理机制

（一）明确适用范围

一般而言，检察建议可以分为监督型与服务型（治理型）检察建议，前者再分为再审检察建议、纠正诉讼违法检察建议、公益诉讼检察建议，后者再分为社会综合治理类检察建议、"两法衔接"类检察建议、督促行政机关履职类检察建议。②再审检察建议、纠正诉讼违法检察建议、公益诉讼检察建议本身具有"案件化"属性，不属于本文研究对象。

本文所称的实行"案件化"办理的检察建议，主要是社会治安综合治理类检察建议、"两法衔接"类检察建议与督促行政机关履职类检察建议。同时，为了节约司法资源，聚焦监督重点，应当明确规定"案件化"办理的检察建议范围：发生问题的原因比较明确的，致使公共利益、集体财产等遭受损失的，有关部门未履行或者履行职责不到位的，可以及时整改但未及时整改的，以及其他情形。

★ 课题组成员：鲍杰，江苏省人民检察院法律政策研究室副主任；张傲冬，江苏省南通市人民检察院法律政策研究室主任；邱楠，南通市通州区人民检察院法律政策研究室主任；张涛，南通市通州区人民检察院法律政策研究室助理检察员；刘俊杰，南通市崇川区人民检察院法律政策研究室助理检察员。

① 简洁、赵莹雪：《重大监督事项如何实现案件化办理》，载《检察日报》2018年5月27日。

② 2018年9月，最高检印发了《关于对检察建议工作情况实行月通报制度的通知》，该通知附件"检察建议工作情况统计表"对检察建议的类别作了此种划分。

（二）规范线索管理

实行重大监督事项"案件化"办理，强调监督线索统一管理。应当坚持"专责化+信息化"原则，实行检察建议线索统一管理。法律政策研究部门负责检察建议线索的审核把关和登记备案，建立专门工作台账，指派专人动态化管理。研发检察建议一体化管理平台，实现信息共享、流程监控和动态管理。通过智能化语义识别，对关键字、案卡信息、特定条目进行对比，自动从统一业务应用系统抓取检察建议线索，并对抓取的线索进行项目化操作、案件化管理。①

二、健全立案调查机制

（一）规范立案程序

立案是启动办案程序的标志，对于符合立案情形的案件应当进行立案登记，并出具与立案情形相关的配套文书。②一旦立案，标志着检察监督活动必须以"案件化"办理的要求规范进行。业务部门检察官在履职中，应将是否制发检察建议作为审查案件的必经环节。发现检察建议线索的，应当及时加以评估，经评估认为存在制发检察建议必要的，应当填写包含案件来源、制发原因在内的立案审批表。立案审批表应报分管院领导审批，必要时可以申请召开检察官联席会议共同讨论决定。

（二）强化调查核实

办理监督案件的过程主要就是对可能存在的重大违法情形进行调查取证，即通过收集、固定、审查证据来调查核实违法情形是否存在。③进入调查核实阶段后，应当根据案情需要提前拟定调查方案，明确调查核实的手段。应重点关注普适性的调查手段，主要包括询问并听取当事人以及相关人员的意见，调取、查阅、复制案卷材料，勘验物证、现场等。调查核实结束后，承办检察官应当撰写审查终结报告，上报审批。

三、完善制发送达机制

（一）完善制发机制

监督处理是重大监督事项"案件化"办理的决定环节，检察建议"案件化"办理强调规范制发程序。业务部门检察官经调查核实，认为有必要制发检察建议的，应当在统一业务应用系统内制作检察建议初稿，同时录入检察建议一体化管理平台。为了解决审核不严、重复发送等问题，应当明确由法律政策研究部门统一管理，由检察建议审核员等专人负责检察建议管理工作。对检察建议的选题、项目、事实和法律依据等，实行承办检察官、承办部门、管理部门和分管院领导层层把关。在制发涉及民生民利、社会和谐的重大检察建议时，为了保证检察建议的严肃性、权威性，由检委会审议至关重要。工作中应当根据实际情况，落实检委会审议重大检察建议制度，确保检察建议的制发质量。

---

① 参见王新建：《规范检察建议程序 创新检察监督方式》，载《检察日报》2018年8月24日。
② 参见李辰：《检察监督视野下重大监督事项案件化办理制度的建构》，载《法学杂志》2018年第8期。
③ 参见李辰：《检察监督视野下重大监督事项案件化办理制度的建构》，载《法学杂志》2018年第8期。

（二）公开宣告送达

检察建议属于重大的检察监督事项，在正式制发之后应当及时送达。检察建议送达以公开宣告送达为原则，不公开宣告送达为例外。对此，应当全面深化落实"三方+三化"检察建议公开宣告工作，实行面对面公开宣告及释法说理。"三方"是指除了检察机关、被建议单位两方外，还应邀请人大代表、政协委员、媒体代表、相关单位人员等第三方代表参与。"三化"是指实行宣告场所化、仪式化、公开化，体现检察建议的严肃性和权威性，强化落实责任，引起被建议单位的充分重视。[1]

四、强化回访监督机制

（一）强化跟踪回访

在重大监督事项"案件化"办理过程中，对于检察监督决定应当及时跟踪回访，使其落到实处。对此，应当明确承办部门和检察官作为检察建议跟踪回访工作责任人。跟踪回访工作，主要是及时掌握被建议单位对检察建议的采纳落实情况。对于及时回复整改的检察建议，主要关注被建议单位是否建立起长效工作机制。对于未及时回复整改的检察建议应当重点回访，加强与被建议单位的协调，及时沟通解决检察建议落实过程中的困难；必要时主动向地方党委政府报告，争取理解支持，共同推进检察建议落实到位。

（二）提升刚性力度

在重大监督事项"案件化"办理过程中，经常面临监督决定刚性力度不足的问题，这在检察建议"案件化"办理工作中也并不鲜见。强化检察建议刚性，要求检察机关完善检察建议立案、制发、回访机制，提升检察建议文书质量；打造刚性多维监督模式，与地方人大常委会、纪检监察机关、政府法制部门加强合作，通过将检察建议落实情况纳入法治工作考核等方式，强化刚性制约，形成监督合力。

五、优化评估归档机制

（一）构建评估机制

对检察职能履行效果进行评估，是一种动态的评估，可能涉及各种因素。[2]构建检察建议评估机制，是"案件化"办理的必然要求，也有助于提升检察建议工作质效。检察建议承办部门和检察官应当在收到被建议单位回复之日起1个月内通过实地走访、现场调研、问卷调查等方式，主动了解被建议单位落实情况，对检察建议效果加以评估。对于公开宣告送达的检察建议，应当及时制作检察建议效果评估报告，上报分管院领导审阅，并由本院法律政策研究部门备案。

（二）做好归档工作

做好案卷归档工作是重大监督事项"案件化"办理的必然要求，可以倒逼办案人员进一步

---

① 参见林中明：《检察建议刚性的地方实践：规范专业的检察建议才有力量》，载《检察日报》2018年8月10日。
② 参见梁玉霞、方明：《提升检察职能履行效果评估研究》，载《中国刑事法杂志》2010年第12期。

树立办理检察监督案件的规范意识，确保办案程序的规范、合法。①检察建议结案后，应当及时进行归档工作。通过建立"一建议一档"，全面收集、保存检察建议"案件化"办理过程中产生的各类物证、书证、视听资料，确保办案痕迹的完整性。及时将各类法律文书和相关证据上传至统一业务应用系统以及检察建议一体化管理平台，锁定"案件化"办理重点环节，确保办理过程清晰可见，时间节点有据可查。

六、改进考评管理机制

（一）优化考核评价

当前，改革完善检察官绩效考核评价制度是检察机关推进司法责任制改革的重要内容。②在重大监督事项"案件化"办理过程中，必须研究制定监督案件办理标准，科学评价检察官行使法律监督权的规范性、能动性，引导检察人员积极开展法律监督工作。就检察建议"案件化"办理工作而言，强调优化考核评价，实施量化考核。应当借鉴业务工作量化考核的做法，建立数量与质量并重的考评机制，将制发检察建议的数量质量、规范程度、落实情况、社会评价等情况，作为检察官绩效考核评价的重要指标，设置合理的考核权重。真正将检察建议列入案件范畴，作为案件对待，以制作质量和实际功效为主要标准，加强质量抽查和评估工作。③

（二）统一归口管理

实行重大监督事项"案件化"办理模式，提升监督的精细化和准确性，是强化监督主责主业、彰显法治权威的必然选择。④因而，对于实行"案件化"办理的重大监督事项实行统一归口管理，意义重大。对此，如上所述，应当明确检察建议工作统一由法律政策研究部门归口管理。同时，建立专门工作台账，明确由检察建议审核员等专人对检察建议实行动态化管理，负责检察建议审查备案、分类统计、总结评价等工作，并统一报送上一级检察院法律政策研究部门。此外，对于落实效果好的检察建议应当予以表彰，并每年组织至少一次检察建议评选发布活动，推动检察建议质量提升。

---

① 参见於乾雄、马珣、黄露：《推进重大监督事项案件化若干问题思考》，载《中国检察官》2017年第13期。
② 参见徐光岩：《论检察官绩效考核评价指标体系的重构》，载《辽宁公安司法管理干部学院学报》2018年第1期。
③ 参见王新建：《规范检察建议程序 创新检察监督方式》，载《检察日报》2018年8月24日。
④ 参见庄永廉、万毅、韩晓峰、龚培华、刘传稿：《如何深入探索重大监督事项案件化办理》，载《人民检察》2017年第15期。

司法改革背景下完善检察机关统一业务应用系统之设想

陈远翔[*]

检察机关统一业务应用系统融案件办理、业务管理、流程监控、数据统计等于一体，在促进司法行为规范、提升检察工作信息化、现代化水平中发挥了重要作用。当前，随着司法改革深入推进，如何进一步完善检察机关统一业务应用系统功能是值得研究的重大课题。

一、统一业务应用系统存在的诸多不适应

近年来统一业务应用系统在规范检察机关业务管理中发挥了重要作用，但随着司法责任制改革配套措施相继实施，其功能表现出诸多不适应。

（一）人员角色权限配置不够科学

现行权限配置严格按最高检要求执行，即主要根据人员角色与系统内默认设定相匹配。但由于基层检察院很多岗位是兼职的，一人多岗现象较为普遍，为做好工作需要增配角色权限，造成权限配置上有点混乱。同时，司法改革使人员变动更为频繁，赋予其自身功能的权限因岗位调整，需要重新配置，实施起来较为繁琐。多数新招录的聘用制书记员没有设定单独账号，只能借用他人账号在统一业务应用系统内工作，不仅在一定程度上影响了工作效率，也与实际操作者要全程留痕的要求不符合。另外，其他事务管理人员的权限配置目前也没有规范统一。

（二）法律文书公开缺少提醒功能

对于一审判决后、被告人没有上诉的案件，需要等待10日上诉期，系统没有提醒功能，造成实践中检察官容易因案件多而遗忘，虽然生效法律文书大都公开，但超过规定时间公开的现象较为普遍。对于被告人上诉的案件，二审裁判时间与一审判决生效时间不能同时填写。检察官要进行法律文书公开，要先填写一审生效时间，等法律文书公开操作结束后，再把一审生效时间清空，这属于系统设计问题。

（三）应用系统智能化程度不高

系统缺少自动筛查功能，在案件质量评查、流程监控等工作中，基本靠人工方式来完成，有的问题发现不了，效率效果也大打折扣。在数据分析管理方面，现有系统虽有数据图表生成

★ 陈远翔，福建省福州市长乐区人民检察院法律政策研究室副主任。

等功能，但还只是停留在表面阶段，如没有二级图表、三级图表等深层次分析功能。对一些重要部署和重要工作，如涉及重大项目建设犯罪、涉及黑恶势力犯罪、涉及企业犯罪等信息体现不了，有时需要对一个个案件进行人工统计，不仅耗费大量精力，而且统计数据也不精确。因此，需要进一步提高应用系统的智能化水平。

二、完善统一业务应用系统之设想

针对这些不适应，结合司法改革和检察工作新部署新要求，需要对统一业务应用系统进行完善。

（一）完善人员角色权限配置

根据司法改革进展情况，聘用制书记员已经从事大量辅助办案工作和其他事务性工作，应当设立聘用制书记员角色，赋予其应用系统单独权限，确保所有使用人在应用系统内的操作全程留痕。对于其他事务管理人员，如司法档案管理等也要尽快统一标准，设立相应权限。针对基层检察院一人多岗的实际情况，比较适宜由上级检察院统一制定规范或划定标准，指导基层检察院科学设定配置权限，防止权限滥设、权责不清，造成应用系统管理上的混乱。

（二）新增案件质量评查系统

研发推广更加智能的案件质量评查功能模块，逐步实现评查全程网上办理。一是在法律文书规范性、案卡填录完整性方面要有判断功能。从评查实践看，出问题最多的是在法律文书规范性和案卡填录等方面，包括姓名、时间、文号等信息漏填或填写错误。二是在证据审查方面要有指引功能。案件质量评查对评查人员业务能力要求较高，案件认定必然涉及证据审查方面，在智能辅助系统中植入各诉讼阶段的证据审查指引，有助于更准确快速地对案件作出评判。三是对于案件事实、犯罪金额、量刑情节等要素变更的，要有自动筛查功能。案件质量评查涵盖办案全过程，案件事实、犯罪金额、量刑情节等是案件的基本要素，不仅涉及案件处理客观、准确，也涉及应用系统操作、法律文书审批权限等问题，应当纳入智能辅助系统加以科学规划、统筹设计。

（三）完善问题发现和提醒功能

一是完善法律文书公开提醒功能。类似于办案超期预警功能，对于法律文书将满10日生效时会自动提醒，流程监管员可以通过系统简便操作，自动筛选出即将到期的法律文书，提前告知案件承办人。对于被告人上诉的案件，法律文书公开也要进行改进，避免繁琐操作。二是完善流程监控系统。研发类似统计系统"巡逻车"软件，对办案流程中存在的问题自动提醒给流程监管员，经流程监管员进一步核实后通知案件承办人及时纠正，同时，自动汇总、统计办案过程中的常见问题，有利于针对性开展监控工作，提高监控效率效果。三是完善数据收集分析功能。扩大相关数据收集，充实"大数据"库，实现二级图表、三级图表数据自动生成。同时，结合各地特色检察工作，允许新增数据采集模块，提高对重点工作和特色工作相关信息采集能力，进一步为检察工作科学决策、全面发展提供更加有力的服务和保障。

检察公益诉讼操作层面相关问题探讨

曾晓虹*

检察机关开展公益诉讼工作，已经取得了显著成绩，彰显了检察机关在维护国家利益和社会公共利益中的重要作用，充分证明了这项制度的生命力和发展前景。作为一项全新的制度，尚有一些操作层面的细节问题需要探讨完善。

一、如何把握涉及"两益"案件的立案问题

（一）如何把握"两益"这个核心

1.从理论层面来看，国家利益和社会公共利益虽然难以十分精准地描述，但对其内涵基本达成共识，检察机关对于相关理论的研究宜进一步加强，以便在工作中更准确地理解把握涉及"两益"的案件。从实践过程来看，有些"两益"同时也可能涉及私益，有些私益又可能以"两益"的表象显现，须准确识别"两益"被侵害案件。实践中，由于拟起诉的公益诉讼案件均由省级检察机关审核把关，以规范"两益"的尺度和统一法律及相关规定的适用，尚未出现检察机关把私益当作"两益"加以保护的情况。

2.可以探讨的思路。对于某些私益以"两益"的形式表现出来，而检察机关由于认识偏差开展公益诉讼的案件，在检察环节或是在审判环节发现的，检察机关应主动撤销案件或由法院释明后准许检察机关撤诉。如果公益诉讼胜诉且判决生效后发现不属于公益诉讼案件范畴，可以根据被告方的申请，将案件转为审判监督程序重新审理。

（二）如何把握适当的公益诉讼立案标准

1.从理论层面来看，凡是涉及"两益"受到一定程度的侵害或存在受到严重侵害风险的案件，检察机关均可作为公益诉讼案件立案。但由于可能形成案件的数量较多，检察机关难以做到面面俱到。从实践过程来看，有时会出现有些案件虽然对于"两益"的侵害程度并非很严重，但最终检察机关提起了公益诉讼，而一些潜在的对"两益"侵害较大的案件，由于尚未发现或取证时间较长，短期难以起诉，给人造成检察机关"选择性司法"的错觉。

2.可以探讨的思路。检察机关在开展公益诉讼过程中，可以考虑对于本地比较普遍的同类型案件，如随意倾倒生活垃圾等，以相关行政机关对本地的同类现象未依法监管为由予以立案，而非仅以存在一两处违法垃圾倾倒场所就对相关行政机关提起诉讼。这样既可以节约司法资源，又对"两益"的保护更为彻底。

★ 曾晓虹，贵州省安顺市人民检察院副检察长。

二、调查取证过程中的相关问题

（一）调查核实权是否应赋予一定强制力

1.从理论层面来看，就检察机关传统的民事行政检察工作而言，其调查核实权通常来说无需赋予较强的刚性，否则容易导致诉讼当事人双方地位的不平衡或诉讼监督的混乱。而对于公益诉讼工作来说，由于其有别于一般民事行政检察业务的特殊性，如对调查核实权不赋予一定程度的强制性，开展的难度将增大。从实践过程来看，检察机关在开展公益诉讼中进行调查核实，虽然取得了一定成果，但由于相关措施缺乏必要的刚性，或多或少遇到了一些阻碍，主要是在被调查对象不予配合或在对证据取得的时效性要求较高的情况下，及时获取有效证据、固定证据的难度加大。

2.可以探讨的思路。建议可以在立法层面考虑专项赋予检察机关针对公益诉讼的调查核实权以必要的强制力，如在调查核实中，遇到有关单位或个人拒不配合或有意阻碍的情形，检察机关可以向相关部门发出处理意见书，相关部门应在一定期限内调查并作出处理意见回复检察机关，不采纳的，应详细说明理由并附依据，以保障公益诉讼的质量和效果。

（二）调查过程中涉及鉴定、聘请专家的费用问题

1.从理论层面来看，由于检察机关开展公益诉讼工作系为维护国家利益和社会公共利益，因此，相关鉴定、聘请专家的费用应由财政负担更为合适。检察机关开展公益诉讼已进入常态，公益诉讼的案件数量将会有较大的增长，特别是在诸如大型环境污染等行政、民事公益诉讼中，往往需要高昂的鉴定费用，可能会对财政支出带来一定压力。从实践层面来看，虽然出于检察机关法律监督的职能定位以及保持谦抑性、防止越位代行行政机关职能方面的考量，检察机关主要是以行政公益诉讼为主，但民事公益诉讼亦具有其自身的作用和意义。然而由于民事公益诉讼牵涉的调查取证费用较大，在相关规定没有明确由财政保障的前提下，依赖各地相关单位或社会组织筹措资金或检察机关出资，往往会影响检察机关开展民事公益诉讼的积极性。

2.可以探讨的思路。建议出台相关规定，以财政保障检察机关开展公益诉讼的经费，如由省级财政统筹，每年预先核定一定费用，由省级检察机关根据各地开展公益诉讼情况统一调配；遇有特别重大的巨额鉴定费用支出时，由省级检察机关向有关部门提出专项申请，经审核批准后专项拨付；次年年初由省级检察机关就上一年度资金使用情况向相关部门汇报并附相关依据，并定期接受审计。设计合理的制度，确保资金的有效使用，有利于"两益"得到及时、全面的保护。

三、法院审理过程中的相关问题

（一）检察机关在行政公益诉讼中的举证责任问题

1.从理论层面来看，无论是在行政公益诉讼中还是在民事公益诉讼中，检察机关的地位不同于一般的原告，检察机关是为维护"两益"而提起诉讼，且取证能力明显强于一般行政诉讼中的原告，因此，对于检察机关的举证责任分配亦不能等同于一般诉讼中的原告。但检察机关

并非要负完全的举证责任,否则将会不当减轻相关行政部门的责任,影响到行政诉讼的制度设计。从实践过程来看,虽然行政公益诉讼适用举证责任倒置,检察机关只需提供由于行政机关未依法履职导致"两益"受到严重侵害或存在受到侵害的重大风险之初步证据,并履行了诉前程序即可,但在实践中检察机关基本上仍尽可能充分举证。检察机关全面充分收集固定证据,一方面有利于案件的审理,一方面锻炼了队伍,但有时会难以顾及更多的"两益"。

2.可以探讨的思路。为了最大限度地发挥出行政公益诉讼的制度优势,办理更多的行政公益诉讼案件,检察机关应负担对于"两益"已经受到严重侵害或存在遭受侵害的重大风险以及相关行政机关具有监管、保护"两益"职责的举证责任,对于行政机关是否依法履职、履职的过程和适当性、因果关系等则不必承担过多举证责任,而由行政机关承担。

(二)检察机关应否承担败诉的风险

1.从理论层面来看,无论是行政公益诉讼亦或是民事公益诉讼,检察机关均应承担败诉的风险,否则意味着检察机关一旦起诉,法院就预先判定了被告必然败诉,有违诉讼制度的功能。从实践过程来看,检察机关开展公益诉讼工作以来,尚未出现败诉案件。但长远来看,并不能排除这种风险的存在。而一旦败诉,如果给被告造成了损失,被告权利的救济亦是应思考的问题。

2.可以探讨的思路。在检察机关出现终审败诉的情况下,一方面,赋予对检察机关的救济渠道。检察机关败诉后,如果经审查认为法院的审理存在问题,可通过抗诉启动审判监督程序,但这种抗诉应严格把握,即应通过本级检察机关检委会讨论通过,且须呈报上级检察机关批准,既避免滥用监督权力之嫌,亦体现对公益诉讼的重视。另一方面,对被告因此受到的损失亦应区分情况考虑是否给予一定救济。检察机关可以探索设立公益诉讼风险基金或者申请类似于国家赔偿的资金途径,在因检察机关工作严重失误导致相关单位或个人遭受较大经济损失时,由该风险基金或财政进行适当赔偿,但这种赔偿应设定最高限额并严格审核,并根据过错程度对办案检察机关作出处理决定并追究具体承办人员的责任;如果造成了相关单位或个人名誉上的严重损害,则检察机关应在必要范围内消除影响;如果仅是一般性工作失误,且未造成损失或造成的损失较小,则不必进行赔偿,相关单位或个人提出消除不利影响请求的,检察机关视影响程度出具书面情况说明。

四、公益诉讼案件执行过程中的相关问题

(一)公益诉讼案件胜诉后如何解决执行难问题

1.从理论层面上来看,一些公益诉讼案件同样涉及执行环节,且其中部分案件也和其他诉讼案件一样存在执行难问题。但公益诉讼案件的执行又有不同于一般诉讼案件的特殊性,如行政公益诉讼的被执行人往往是行政机关,被执行标的可能是其履职行为,而民事公益诉讼特别是环境民事公益诉讼的被执行标的可能涉及的金额巨大或技术难度较大。这些都对执行工作提出了新的课题。从实践过程来看,由于一些案件执行过程较长,如补缴巨额的国有土地出让金、对受到严重破坏的生态环境进行修复等,公益诉讼的最终效果还需要长期跟踪,这在一定程度上加大了检察机关的工作量。

2.可以探讨的思路。公益诉讼案件如果被告不自觉履行生效裁判，法院应无需检察机关申请，即可裁定进入执行程序。可以建立定期通报机制，对于执行期限较长的案件，法院应定期向检察机关通报采取的执行措施和案件执行进展情况，并根据情形适时调整执行方案。对于涉及民生、经济、生态等影响较大的案件，必要时法检两家共同向当地党委、人大等作专项汇报，以便在党委的统筹协调、坚强领导和人大的有力监督下，保障执行工作顺利进行。

（二）法院执行工作应否受到检察机关的监督

1.从理论层面来看，公益诉讼案件的执行同其他案件的执行性质是相同的，均是以国家强制力树立生效裁判的权威，使法律保护的合法权益得以实现。而法律已经明确赋予检察机关可以对法院的执行活动进行法律监督，因此，检察机关在公益诉讼案件中对法院的执行活动进行监督是检察机关应该履行的职责。从实践过程来看，目前公益诉讼案件中检察机关对法院执行活动进行监督的典型案例尚无，但将来不排除检察机关发现执行活动中存在不规范行为而行使监督权，促进"两益"得以尽快恢复或减少损失的可能。

2.可以探讨的思路。公益诉讼案件往往社会影响较大、涉及面较广泛，且将产生一定的示范效应，因而法院的执行难度往往也会增加。因此，有必要从法律层面赋予法院公益诉讼案件执行工作以更多的措施，加大执行工作力度；同时，检察机关对于法院执行工作的监督亦应加强，可规定如检察机关向法院发送有关纠正公益诉讼案件执行活动违法的检察建议，法院应通过审委会讨论决定，以促进执行工作的规范化水平不断提升。

"枫桥经验"应用于未成年人检察工作研究[*]

——以未成年人网络犯罪治理为切入点

门植渊[**]

近年来,未成年人利用或者针对网络实施犯罪的现象频繁发生,网络犯罪已成为未成年人犯罪新的增长点。面对未成年人网络犯罪现象日益严重、重新犯罪率增高等情况,检察机关应深入落实新时代"枫桥经验",充分认识在未成年人犯罪治理中的责任与定位,梳理存在的问题,在平衡社会治理和保护未成年人利益之间发挥积极作用。

一、有效治理未成年人网络犯罪需要解决的问题

(一)涉罪未成年人轻缓处理与网络犯罪严厉惩治的刑事政策取向之间存在矛盾

我国采取的是未成年人比成年人轻缓处理的刑事政策取向,强调保护优于惩罚。然而当前,考虑到危害后果、刑罚的一般威慑效果等因素的影响,对于网络犯罪的惩治,学界和实务界均出现了"予以严惩""需调整应对网络犯罪的政策和策略"等观点。如有学者提出,对于网络犯罪的治理,若仍以过去危害后果及其程度作为是否犯罪化或者是否刑事追究的一个前提,"一方面会导致惩治的时间节点过于滞后,无法有效及时排除这类行为的妨害;另一方面也会为司法实务部门在认定犯罪上造成诸多困惑。"[①]又如具有严重社会危害性的电信网络诈骗犯罪,早在2016年12月,最高法、最高检、公安部即联合下发《关于办理电信网络诈骗等刑事案件适用法律若干问题的意见》,通过严密刑事法网、降低入罪门槛、依法从严惩处、明确加重处罚情节等,破解打击难题。

当今社会下的未成年人是伴随着网络的发展成长起来的,对网络的接触程度、掌握能力是过去的未成年人所无法比拟的,加之共同犯罪、团伙犯罪数量相应增多的现状,使得我们开始思考,基于未成年人传统刑事犯罪制定的法律法规、刑事政策是否完全适用于未成年人网络犯罪,是否需要进行改革及改革的程度应如何。

(二)用成年人法律处理未成年人案件易导致监管空档

"相对于成年人司法强调的中立、保守、被动,少年司法有更多的主动、扩张、干预色彩。"[②]

---

[*] 本文系2018年度最高人民检察院检察理论研究课题"保护网络产业发展的司法政策研究"(编号:GJ2018D61)的阶段性研究成果。

[**] 门植渊,北京市东城区人民检察院检察管理监督部检察官助理。

① 时延安:《网络规制与犯罪治理》,载《中国刑事法杂志》2017年第6期。
② 孙谦:《关于建立中国少年司法制度的思考》,载《国家检察官学院学报》2017年第4期。

尽管从2012年刑事诉讼法增设未成年人刑事诉讼特别程序开始，未成年人检察工作的具体标准和操作程序逐步细化，现已规定了法律援助、社会调查、法定代理人及合适成年人到场等一系列特殊检察制度，但对于未成年人是否构罪的判断和处理仍是依据刑法、刑事诉讼法及相关司法解释、政策文件等，不仅条文缺乏系统性，而且易陷入行为危害社会后却难以得到有效处置的困境。如某些未成年人为满足报复、泄愤等个人目的，在网络上编造并故意传播诽谤、侮辱或者虚假恐怖信息，这些内容可能会被不断复制进而继续传播，由此造成的社会危害性更加严重。正是因为行为人没有达到刑事责任年龄或者行为虽然具有严重的社会危害性，但尚未达到刑事犯罪的程度，司法机关只能束手无策，往往"一放了之"，"不得不面临养大了再打、养肥了再杀的'养猪困局'。"①加之，学校、家庭、社区等社会力量及行政机关的干预缺乏刚性、作用有限，为涉网犯罪未成年人下一阶段的行为走向埋下了隐患。此外，实践中尚未真正形成公、检、法、司在办理未成年人案件中相互配套衔接的工作机制，其各自在司法理念、体制机制、考核评价、法律适用等方面存在的差异，也会带来监督管理难落实、教育挽救效果不彰等问题。

（三）原有的涉罪未成年人监管方式无法完全实现防控未成年人网络犯罪的目的

随着社会的变化发展，未成年人犯罪"突发性、偶然性，犯罪手法简单"的标签已逐渐淡化，网络犯罪打破了时间、地点等因素的限制，对基于传统刑事犯罪制定的特殊检察制度和特殊程序提出了新的更高要求。

移动互联网的发展使犯罪行为在家中甚至在任意地点滑动几下智能手机即可完成。而对涉网犯罪未成年人的监管方式仍停留于应对传统的刑事犯罪上。对于涉嫌抢劫、盗窃等传统刑事犯罪的未成年人，在采取非羁押性强制措施期间或作出附条件不起诉、相对不起诉决定后的考验期内，司法机关、家庭和学校关注的是涉罪未成年人是否正常上学、是否进入禁止出入的区域、类似的犯罪行为是否再次发生等，这些情况的了解过程相对简单。而对于涉网犯罪未成年人，司法机关虽然可以运用"电子手铐"掌握其行动轨迹，但对其具体生活学习内容、网络使用情况都不得而知，只能通过监护人的监管及定期的情况反馈予以了解。而监护人在未成年人犯罪前对其上网进行监管、引导的效果多并不理想，②监护人义务的履行也往往呈参差不齐的状态。涉网犯罪未成年人对网络的正确认知、健康使用应是监管教育的重要内容，宜结合未成年人网络犯罪的司法实践，进行更为明确具体的规定。

二、加强未成年人网络犯罪治理的措施建议

（一）未成年人网络犯罪案件办理的基本思路

针对未成年人网络犯罪蔓延的势头，尽管检察机关坚持国家亲权理念、儿童利益最大化原则，将帮教、挽救涉罪未成年人作为办案的主要任务，但并不意味着对涉罪未成年人的教育可

---

① 姚建龙：《中国少年司法的历史、现状与未来》，载《法律适用》2017年第9期。
② 在专门针对未成年犯的调查中，"42.7%的未成年犯犯罪前父母对其上网没有任何限制"。参见郭开元：《网络不良信息与未成年人权益保护的研究报告》，载《预防青少年犯罪研究》2017年第4期。

以排除法律的约束，要综合各种利益考虑，做到司法干预和综合治理相结合。检察机关在关注证据和已经发生的、与定罪量刑有关的案件事实的同时，要坚持教育和保护优先，落实好刑事诉讼法规定的特殊制度、程序和要求，为涉罪未成年人重返社会创造机会。"准确把握宽严相济的刑事政策，对不同年龄、不同情况的未成年人，实行区别对待，注重宽与严的有机统一。"①坚持对未成年人网络犯罪从宽处罚，对组织、教唆、帮助未成年人实施网络犯罪的行为从重处罚。同时，对司法办案中未成年人网络犯罪的实际情况进行归纳总结、分析论证，通过司法解释、会议纪要等形式对未成年人网络犯罪案件办理可能出现的问题予以明确，为全国办理此类案件提供统一的标准。

（二）建立涉网犯罪未成年人动态管理系统

"上网成瘾和不健康的上网目的均与未成年人走上违法犯罪道路有着高度的相关性"，②检察机关应尝试运用大数据等现代科技手段完善涉网犯罪未成年人的监管方式，尤其是要加强对智能手机上网的监管。可建立涉网犯罪未成年人动态管理系统，主要包括智能监管系统、监护人APP系统和涉网犯罪未成年人APP系统三部分。

具体而言，在智能监管系统上对涉网犯罪未成年人进行建档，依据手机定位系统实时将监管对象的位置、行动轨迹等信息传输到服务器。案件承办人可根据涉网犯罪未成年人的个案情况，在电子地图中设置电子围栏，当未成年人进入围栏内的网吧等特殊场所时，系统会自动报警。监护人则通过监护人APP系统实时管理涉网犯罪未成年人，及时掌握其定位信息、行动轨迹、异常举动等。同时，通过在涉网犯罪未成年人的手机等移动设备上安装涉网犯罪未成年人APP系统，对其上网时间进行设置，自动过滤不健康网页，保护其免受网上不良信息的影响。可逐步增设人脸识别、声纹在线识别功能，防止脱管、漏管、虚管现象的发生。

（三）构建强制亲职教育制度

家庭监管教育方式不当很有可能触发涉网犯罪未成年人再次犯罪。建议通过建立强制亲职教育制度，"提升父母教养子女的技巧与能力，督促监护人切实履行监护教育职责。"③检察机关可对未成年人网络犯罪行为与监护人教育不当等家庭因素的关联度进行评估，根据评估结果决定是否对其进行强制亲职教育，以及强制亲职教育的具体内容和时长。检察机关"可委托专门的家庭教育辅导机构或者邀请教育学、心理学等相关领域的专业人员具体开设强制亲职教育的课程和活动"④，向其传授互联网相关知识，以及引导未成年人安全、健康上网等正确履行监护职责的方法；也可通过微信课堂和网络教育平台，提升异地监护人履行监护职责的能力。对于拒绝参加强制亲职教育或者未达到预期效果的，检察机关可要求其再次接受强制亲职教育，或依照有关规定进行处罚。基于犯罪预防的目的，可逐步对有严重不良行为但尚未达到违

① 门植渊：《未成年人刑事案件如何准确适用强制措施》，载《检察日报》2017年7月30日。
② 徐伟：《网络诱发未成年人犯罪的类型分析与治理策略——基于三十个典型案例统计》，载《预防青少年犯罪研究》2016年第4期。
③ 刘传稿：《构建未成年人检察社会支持体系》，载《检察日报》2017年11月21日。
④ 王贞会、范琳：《涉罪未成年人强制亲职教育制度构建》，载《青少年犯罪问题》2017年第3期。

法犯罪程度的未成年人的监护人进行强制亲职教育，甚至将亲职教育逐步拓展到一般预防的范围，为家长提供家庭教育的理念、方法和教育技巧等。

（四）加强分析研判，形成治理合力和长效机制

检察机关可以大数据挖掘和云计算为技术支撑，结合全国检察机关统一业务应用系统和相关部门数据，利用机器学习和神经网络技术，进行分析研判，为犯罪预测预警提供强有力的支持。主要分析以下内容：

一是未成年人数据分析。通过对未成年人网络犯罪相关数据如年龄、家庭情况、教育程度、住所、行为轨迹等的挖掘，建立数据模型，再将未成年违法、虞犯的数据与模型进行数据碰撞，根据碰撞的相似程度得出可能有犯罪倾向的未成年人。可依据相似程度进行红、橙、黄三色预警，检察官根据预警级别选择不同的方式对未成年人进行预防和监控。

二是"热点"分析。主要包括：（1）高发时间段案件分析。对犯罪信息点按照一定的时间段进行关联分析，确定重点关注的犯罪信息点，并对这些易发生案件点进行预防监控。如发现晚间22:00—23:00为案件高发"热点"，即可联合学校、家长，在该段时间内通过发送预防提醒、"电子手铐"信息确认、断网等方式预防网络犯罪的发生。（2）高发区域场所案件分析。对一定区域场所的犯罪信息点进行关联分析，找出信息点之间的关系，计算出高案发区域场所。"热点"分布密集的区域场所即作为重点目标。如发现某网吧是"热点"区域，即可联合网监、网信办等部门，对该网吧进行联合排查整治。

未成年人网络犯罪治理是涉及多个部门的综合性工作，检察机关一方面要"积极与公安、法院、司法行政等部门沟通配合，在评价标准、社会调查、逮捕必要性证据收集与移送、法律援助、分案起诉等制度上达成共识，形成未成年人司法保护工作合力"；[1]另一方面要加强与综治、共青团、学校、社区、企业等方面的联系配合，"积极促进党委领导、政府支持、社会协同、公众参与的未成年人犯罪帮教社会化体系建设"，[2]并"逐步建立未成年人刑事司法服务供求信息共享平台，跨机构、跨区域协作及资源链接机制"，[3]共同做好涉网犯罪未成年人帮教考察和犯罪预防工作。

① 孙谦：《切实加强未成年人检察工作》，载《检察日报》2016年1月18日。
② 孙谦：《切实加强未成年人检察工作》，载《检察日报》2016年1月18日。
③ 门植渊：《未成年人刑事案件如何准确适用强制措施》，载《检察日报》2017年7月30日。

新时期基层检察调研工作的开展

李领臣　丁丽丽*

2018年是改革开放四十周年，也是人民检察制度恢复重建四十周年。中国特色社会主义进入了新时代，人民检察事业进入了新的历史时期。检察工作要有新作为，必须坚持不懈抓基层，攻坚克难强基础。调研是谋事之基、成事之道，检察调研既是检察工作的重要组成部分，又为检察工作提供理论支撑和智力保障，基层院新时期要有新发展，必须创新开展检察调研工作。

一、新时期基层检察调研面临的新形势

（一）职能"转型期"，既要克"难"又需解"惑"

随着反贪、反渎、预防部门的转隶，检察机关面临着职能的转型，相关业务短板需要补齐。职能"转型期"，检察机关既要克"难"又需解"惑"。"难"点在于如何让优势业务提高质效，怎样使弱势业务补齐短板；"惑"处在于公益诉讼如何有效开展，检察建议如何体现刚性、做到刚性，等等。"上面千条线，下面一根针。"检察机关职能"转型期"的制度设计最终需要通过基层院贯彻和落实。基层院要做好"穿针引线"的工作，必须加强调查研究，勇于探索总结。

（二）改革"第一线"，既要"队形不乱"又要"动作不走样"

随着司法体制改革的不断推进，检察改革已进入"深水区"。基层院处于改革的最前线，各项改革从基层院试点，又从基层院铺开，许多亟需解答的问题呈现在基层院面前。在改革过程中，基层院既要保证"队形不乱"，各项业务正常开展，又要做到"动作不走样"，改革措施稳步推进。而这些都离不开通过调研的方式来学习借鉴、研究探讨、总结适用。

（三）发展"服务端"，既要"煮小鲜"又要"烹大鱼"

发展是改革的目标和归宿。新时代，人民日益增长的美好生活需要和不平衡不充分的发展之间的矛盾成为我国社会的主要矛盾，而广大基层就是不平衡不充分的矛盾集结点。从这个角度来看，基层院服务保障地方发展具有重要的时代意义。一方面，要煮好"法律监督"这个"小鲜"；另一方面，还要善烹"服务发展"这道"大鱼"。而"食谱"，就是调查研究得来的检察"配方"。

二、基层院开展检察调研的难点

基层院位于办案一线，也是各种矛盾和问题暴露的"第一现场"，有着天然的调研优势，

★ 李领臣，安徽省肥西县人民检察院副检察长；丁丽丽，肥西县人民检察院法律政策研究室检察官助理。

理应不断提升调研质效，但是又普遍面临一些问题和困难，导致基层调研工作往往不易有效开展。目前基层院在检察调研方面主要存在以下难点：

（一）条件限制，苦于人才难

在调研人才方面，与上级院相比，基层院主要受两个方面的条件限制：一是福利待遇相对较差，二是晋升机会相对较少。在人、财、物实现省级统管之前，检察干警的福利待遇取决于地方的经济发展水平，在基层特别是边远和贫困地区，干警的福利待遇无法与上级院或者经济发达地区相比。而在职位晋升方面，基层院又普遍存在职数相对较少的问题，干警晋升机会少，交流和提拔少。这就导致，基层院在引进人才和留住人才上存在不小的困难，不利于调研工作的顺利开展。

（二）认识偏差，囿于重视难

由于认识上的偏差，一些地方重办案、轻调研的观念一直存在，案件办理的数量和质量成为评价检察工作实绩的主要指标。有的基层院虽然单设法律政策研究部门或者有专门人员专职开展调研工作，实践中一般也只有1—2人，不仅要负责检委会相关工作等，有的还要承担综合文字、宣传、普法、党建甚至政工工作。这样，不仅主要力量倾斜于办案，开展调研的专门力量也被大大分散。

（三）制度缺失，限于激励难

开展检察调研绝不能搞即兴的自我"独唱"。在调研工作上，有的基层院往往把调研成绩依赖于干警的个人能力和行动自觉，没有制定相应的学习制度、考核制度和奖励制度；有的基层院虽然制定有考核、评价、奖励等激励制度，但检察调研的分值较低、业务地位不明显，奖励制度有时也无法得到落实，激励效果有限。

三、基层院开展检察调研的思路

为有效破解基层检察调研工作上的困境，基层院须充分发挥"前线"优势，利用好"第一手资料"，通过"六个结合"逐步建立并健全"人人想调研、人人会调研"的大调研工作格局。

（一）坚持贯彻上级要求与自我主动加压相结合

习近平总书记在十九届一中全会上讲话时强调：调查研究是谋事之基、成事之道，没有调查就没有发言权，没有调查就没有决策权，要在全党大兴调查研究之风。中央政法委秘书长陈一新在2018年的重大课题调研工作部署会上强调，要用大调研理清新时代政法工作思路举措。检察调研同样是检察工作的重要内容，对服务大局、规范司法办案、深化检察改革、推进中国特色社会主义检察理论研究、提升检察工作质效等具有重要作用。《人民检察院法律政策研究室工作条例（试行）》就法律政策研究室如何推动检察调研作出具体规定，第十三条更明确指出："各级人民检察院应当建立专兼职人员相结合、调动广大干警参加调查研究工作的制度。"以上既为基层院指明了检察调研工作的发展方向，也提供了实践参照。

贯彻上级要求是底线，自我主动加压则着眼于落实落细和拉高标杆。基层院要通过硬性任务分配和积极提倡鼓励两种手段，强化检察调研的自我加压和推动，研究制定检察调研奖励办法，把干警的调研成果列为检察官遴选和绩效考核中的加分项等。如《肥西县人民检察院

2017年度员额检察官遴选实施办法》明确规定，2012年以来在最高检认定的全国权威、知名报刊发表法学和司法实践研究文章的，以及提交论文在全国检察理论研究年会获奖的，均可相应加分。通过"软硬兼施"双轮驱动，使检察干警的调研成果直接关系到对其工作绩效的考核和入额遴选的评价，增加干警调研压力与动力。

（二）坚持围绕中心服务大局与突出检察主业相结合

中心大局是工作方向和旗帜，检察主业是工作职责和内容。在调研内容方面，基层院既要强调围绕中心服务大局，又要突出检察主责主业。

在围绕中心服务大局方面，检察调研要强化检察机关在服务经济社会发展中的保驾护航作用。一是服务保障"三大攻坚战"。基层院要立足检察工作，通过调研了解地方实际，研究制定相关实施办法或者实施意见。要以开展环境公益诉讼为抓手，结合办案实际，组织开展污染防治检察调研，为打造"天蓝、地绿、水清"的生态环境提供理论指导。二是开展扫黑除恶专项斗争基层调研。促进国家发展的神经末梢在基层，影响社会稳定的细胞因子也在基层。基层院要以"扫黑除恶"专项斗争为契机，深入开展基层治安状况调查，切实了解群众需求，摸清黑恶势力的底数和背景，为扫黑除恶专项斗争做好舆论动员和基础准备。三是开展经济社会发展"大调研"。服务经济社会发展，不能仅凭经验办事、拍脑袋决策。基层院扎根于地方、成长于地方，要通过深入企业、事业单位、社区和农村，调研基层的经济社会发展情况，为检察工作服务经济发展建言献策。

在突出检察主业方面，还有许多需要研究和探索的地方。基层院是改革的一线，要紧紧围绕改革需要解决的问题、改革过程中的次生问题以及改革后可能出现的问题进行调研。如2018年以来，肥西县检察院围绕"捕诉一体"等进行了调研，澄清了一些错误认识，坚定了检察改革的信心。此外，还要注重业务部门与综合部门协调发展，书目、期刊等传统学习手段和微信、微博等新媒体学习途径双向带动，促进基层干警同步掌握一线前沿信息和资料，积极贡献基层智慧。

（三）坚持领导带头、法律政策研究部门推动与全员参与相结合

充分发挥院领导的"火车头"作用。一是把调研工作摆在检察工作的重要位置来部署，院领导要带头调研做示范。二是充分发挥好传帮带作用，实行"结对帮扶调研计划"，领导除了自身带头搞调研写文章外，还负有指导分管部门干警开展调研的职责。如肥西县检察院以培养年轻干部为契机，要求每名院领导担任各自分管部门干警的导师，每年指导其分管干警发表调研信息和论文不少于1篇，进一步压实调研任务。

充分发挥法律政策研究部门的"助推器"作用。做好调研工作，离不开法律政策研究部门的支点和助推作用。可以通过起草制定检察调研奖励办法、调研工作分配方案，调动干警调研的积极性；同时，以法学会、检察官学会、法学论坛等为平台，以最高检主办的杂志和省级刊物为载体，动员和组织干警参加调研文章的撰写和投稿工作。

充分发挥检察干警的"主力军"作用。调研工作特别注重一线业务部门和年轻干警积极作用的发挥。侦监、公诉等一线业务部门检察干警对办案多有体会，要推动其围绕工作中的难点和热点问题开展调研，不断提高其发现问题、分析问题、解决问题的能力。

（四）坚持加强机制建设与个人自发相结合

为推动检察调研工作的常态化、制度化，基层院要坚持以机制建设激发个人活力，以个人活力促进机制健全，形成良性互动。

在机制建设方面，可以通过制定检察调研奖励办法、绩效考核及奖金分配办法等制度，为大调研工作格局奠定基础。通过下发年度调研工作分配方案和要求，明确年度调研重点和任务分工，促进检察调研工作沿着制度化轨道有序开展。

在激发个人活力方面，要充分调动各部门擅调研者立足业务实践，围绕检察工作，积极撰写调研文章、论文、信息和参加各项征文比赛。当前，司法改革已进入深水区和关键期，检察干警要以强化法律监督为重点，就检察改革中如何贯彻以审判为中心的诉讼制度改革、认罪认罚从宽制度、民事行政公益诉讼制度改革以及司法体制改革实践效果等检察工作重大问题开展调研。如2018年肥西县检察院干警分别以《公益诉讼背景下行政违法行为的检察监督研究》《认罪和不认罪出庭公诉模式研究》《司法改革背景下逮捕的若干问题研究》为题，成功申报3项省级研究课题；围绕法治社会建设、创新社会治理等主题，撰写《刑事申诉实质性化解矛盾的应然需求与实现路径》等论文参加征文并获奖。

（五）坚持挖掘本院资源与利用院外资源相结合

开展检察调研要立足自身实际，充分挖掘自身潜力。基层院要通过教育培训，不断提高检察干警的法律知识水平，形成良好的职业素养，锻造务实的研究作风，为调研工作奠定人才基础。

开展检察调研还要善于借力发力，利用好院外资源。要坚持"引进来"和"走出去"相结合的方针。一方面，邀请专家学者来院开展专题讲座或组织干警观看视频讲座，传授写作方法与技巧；另一方面，安排干警外出参加业务培训，开阔眼界，拓宽视野。如肥西县检察院利用安徽省院与安徽大学进行检校合作开办全省性培训班的机会，将地理优势转化为实实在在的学习良机，2018年以来已累计组织干警到学校旁听法学讲座近40人次。

（六）坚持强化写作训练与强化成果转化相结合

写作训练是调研工作的基础。干警只有常思常写多练，才能精进调研文章写作质量。一是训练选题。选好题是文章成功的一半，要让干警结合实践不断试选题、调整选题，培养其精准确定选题的能力。二是训练谋篇布局。通过写作训练，让干警知晓不同文章的不同结构，掌握好的谋篇布局，做到结构清晰、层次分明。三是训练写作方法。首先解决干警"写不出来"的问题，训练干警就小选题架构文章的能力；其次解决干警"写得散"的问题，训练干警写得准、写得好，突出主题。

写作难，成果转化更难。推动成果转化既是检验调研成效的标准，也是增强基层干警调研信心、推动调研工作的有效方法。基层检察调研要在成果转化上下功夫，一方面，可以邀请全国或全省知名的检察理论研究人才和业务专家分享写作经验、教授写作技巧，为成果转化奠定基础；另一方面，可以积极沟通论文发表平台，研究各平台稿件特点与刊发重点，确保成果易转化、好转化。如2018年肥西县检察院干警已在《人民检察》《中国检察官》等省级以上杂志发表论文8篇，十余篇论文在全市全省获奖，1篇调研报告被《检察研究参考》采用供最高检领导参阅，十余篇信息被安徽省检察院《安徽检察情况反映》等采用，极大地增强了干警调研的信心。

关于基层检察院办案专业化建设的思考

黄玉林　郑潘柯　周新文★

办案专业化建设的目的是为了优化检察机关职能体系，提升检察专业化水平，提高办案质量和效率。基层院办案专业化建设必须与基层检察工作实际相适应。结合实践与思考，笔者认为，基层院在开展专业化建设的过程中应避免可能出现的问题，从而收到预期效果。

一、办案专业化建设中容易出现的问题

由于基层院在队伍特点、案件特点、业务管理、智慧检务建设等方面的实际情况各有不同，因此，在办案专业化建设方面容易出现一些问题，主要有以下几个方面：

（一）组织设置方面

实践中，存在为了快速落实上级要求，体现办案专业化建设的成效，不充分考虑本地实际情况，盲目借鉴外地做法，匆忙成立各种专业化办案组织的情形，导致专业化建设的目标模糊，为专而专，逻辑不清，随意性大。如虽然知识产权保护备受重视，但本地侵犯知识产权犯罪鲜有发生，成立专门的办案组织，其形式意义则往往大于实际意义。抑或存在划分过细、设组过多的情形，导致缺乏统筹，力量分散，影响各项法律监督工作的均衡发展。

（二）人员配置方面

实践中，存在人员选择余地小、与专业化要求不匹配的情形。总体来看，基层院特别是农村地区基层院检察人员专业化水平不高、起点较低，突出表现为全日制法学本科以上学历少，不少干警系继续教育法律本科。专业层次不高、领域不广，精通金融、电子信息等领域专业法律问题的人才难觅，很大程度上限制了办案专业化水平。若设立此类办案组织，却没有与之相匹配的人才支撑，往往会因发挥不了应有作用而流于形式。

（三）内部管理方面

在司法责任制改革的大背景下，绩效考评日益严格规范，如何保证分案的科学性，既能在办案数量、难度上进行平衡，又能充分发挥检察官各自的特长，确保工作质量和效率，是十分重要的问题。与此同时，如何充分调动检察辅助人员的工作积极性，使其认真负责高效地发挥好辅助功能，也是打造专业化办案团队的重要课题。若单纯依靠系统轮案，分组后可能产生较为严重的忙闲不一、责任不均问题。如有的基层院将一般刑事犯罪与职务犯罪划分由不同的办

★ 黄玉林，河南省内乡县人民检察院检察长；郑潘柯，内乡县人民检察院党组成员、政治处副主任；周新文，内乡县人民检察院法律政策研究室主任。

案组织办理，但在职务犯罪案件移送较少的情况下，仍坚持这种分工，易因忙闲不均引发内部管理的困难。

（四）配套保障方面

专业化办案组织的健康运行离不开有力的配套保障支持。近年来基层院的办公办案条件虽然有了很大进步，但与办案专业化的目标相比还存在不小的差距。在办案智能辅助、远程提审、社区矫正日常监督、财产刑执行监督、异地未成年人帮教考察、公益诉讼线索举报受理等许多方面存在多部门联网、大数据运用等障碍。以笔者所在地未成年人检察工作为例，由于涉罪未成年人统一在市区看守所羁押，在远程提审系统投入运行之前，距离市区较远的基层院提审一次往往需要一整天的时间，极大地影响了工作效率。

二、基层检察院办案专业化的建议

新形势下检察机关实现办案专业化，应紧密结合基层实际，抓住队伍、业务、管理、信息化、智能化等关键问题，在人才培养引进、办案组织搭配、案件合理分配、检务保障配套、监督管理跟进等方面做好工作，扎实推进基层院办案专业化建设：

一是加快内设机构整合，减少非办案部门，将人力资源向办案一线倾斜。突出法律监督主责主业，在办案中监督，在监督中办案，实现大类划分的专业化。具体可根据基层院实际情况在三大方向上着力：一是以维护社会安全为方向，捕诉一体，提高效率，整合刑事检察、未成年人检察、刑事执行检察工作力量；二是以维护公共利益为方向，强化民事检察、行政检察及公益诉讼检察，培育法律监督工作新的增长点；三是以提升检察机关公信力为方向，强化内部监督制约，防范权力滥用，整合控申、案管、检委办工作力量，完善法律监督工作的内控机制。

二是在刑事检察业务中以繁简分流、轻案快办、大特要难案精办为原则，设置专业办案组织。具体分组中，可以视情况设立常见轻微案件办案组，常见疑难、高信访风险案件办案组，黑恶及职务犯罪案件办案组，网络、电信新型犯罪案件办案组，未成年人犯罪案件办案组，破坏生态、食药安全犯罪案件办案组等专业化办案组织；还可以视情建立跨部门的虚拟专业化办案组织，以应对10人以上黑恶、环境资源、网络电信等犯罪。具体操作中要兼顾原则性与灵活性，结合对本地本院案件情况的掌握分析，合理设置，适度调整。

三是突出强化民事检察、行政检察、公益诉讼检察专业化队伍建设。长期以来，民事检察、行政检察、公益诉讼检察与刑事检察工作发展存在不平衡，后者明显更强。在全面开展公益诉讼、深化民事行政检察工作的背景下，专业化队伍建设尤为重要。虽然上级院采取了具体行动，实行"四轮驱动"，为基层院作出了表率，但基层院因受编制等的限制存在的员额少、专业人才缺乏等问题，还需要上级院从政策层面帮助解决。

四是加强业务监督管理能力建设。加强内部监督制约，防范权力滥用，是司法责任制改革后基层院面临的一个新课题。检察官按照权力清单行使职权，如何保证其在正确的轨道上运行，需要加强研究，完善内控机制。整合控申、案管、检委办工作力量，对案件进行科学评估、合理分流、实施流程及重点案件质量监控、检察官办案情况监控等工作，存在一定的现实必要性。

五是加大智慧检务建设推进力度。大数据、人工智能等现代科技在检察工作中的应用，有助于办案效率的大幅提升。基层院"三远一网"建设不但要解决好经费、跨部门协调等问题，更要安排好时间进度，尽快投入使用。同时，要加速学习先进地区，如配备智能语音识别软件，实现语音转文本的智能化，提高记录的速度和准确性；配备智能辅助办案系统，自动抓取要素，辅助审查证据并生成较为准确的法律文书草稿，减轻办案人员工作量等。

六是加大检察官业务培训力度，全面提升专业化水平。基于目前基层院队伍现状及工作需要，笔者认为，在人才培养上不仅要有所专精，还要着眼于法律监督业务的全面性；在专业化建设的方式上，应以在职学习培训和岗位练兵为主，依托实际办案中遇到的疑难案件，充分发挥检察官联席会议、专业研究小组、专家咨询委员会等的作用，在实战中锻炼能力，全面提升专业化水平。

《关于公安机关办理经济犯罪案件的若干规定》执行情况调研报告

吴海丽　曾昌斌*

2017年12月，最高检、公安部联合修订印发了《关于公安机关办理经济犯罪案件的若干规定》（以下简称《规定》）。2018年8月中下旬，江西省人民检察院侦查监督一处与省公安厅经济犯罪侦查总队组成调研组，对省内各地公安机关、检察机关贯彻执行《规定》的情况进行了专题调研。

一、《规定》的执行情况及成效

江西省检察机关、公安机关准确领会《规定》精神和条文内涵，依法履职，形成严厉打击经济犯罪的高压态势，成效显著。

（一）一定程度上缓解了案件管辖争议问题

《规定》对管辖问题作了进一步细化，如"主要营业地或者主要办事机构所在地与登记的住所地不一致的，主要营业地或者主要办事机构所在地为其所在地""主要利用通讯工具、互联网技术手段实施的经济犯罪案件，由最初发现、受理的公安机关或者主要犯罪地的公安机关管辖"等，有效减少了常见的管辖争议问题。2018年3月南昌市公安局高新技术产业开发区分局办理的江西优时代电子商务有限公司组织、领导传销案，涉案公司注册地在南昌市青山湖区，实际经营地在高新技术开发区，初期对管辖存在一定争议，南昌市公安局根据《规定》第八条规定，决定该案由高新技术产业开发区分局主办。

（二）明确了刑民交叉案件刑事立案标准

刑民交叉问题一直是司法办案的重点难点，根据以前的规定，同一案件事实已经由法院处理的，公安机关在法院移送、检察院通知之前不宜再立案侦查，直接导致了报案人难理解、侦查人员难工作、法院难处置的"三难"局面，《规定》充分结合实际情况，在第二十条增设"公安机关认为有证据证明犯罪事实，需要追究刑事责任，经省级以上公安机关负责人批准的"，让公安机关有了更多选择，工作起来更灵活，处理起来更高效。2018年3月，新余市公安局对一起人民法院已判决的民事案件进行了立案侦查，目前已移送检察机关起诉。

（三）解决了久拖不决案件撤案问题

实践中，部分案件因线索不明确、技术手段少、跨国取证难等现实困难而难以破案，长期

---

* 吴海丽，江西省人民检察院侦查监督一处处长；曾昌斌，江西省人民检察院侦查监督一处检察官助理。

下来形成积案压案，给办案民警增加了心理负担，更让涉案犯罪嫌疑人或单位处于负面的不确定状态。《规定》科学设计了撤案条件，对犯罪嫌疑人解除强制措施12个月内仍不能移送审查起诉或对犯罪嫌疑人未采取强制措施2年内仍不能移送审查起诉等情况，应当及时撤销案件。同时，有证据证明有犯罪事实需进一步侦查的，可以不撤销案件，经省级以上公安机关负责人批准继续侦查。目前，江西省公安机关经侦部门依据《规定》依法撤销了一批案件，有利于解除涉案人员的负面心理状态，同时减轻民警工作压力。

（四）提高了侦查协作协查效能

《规定》进一步细化了公安机关办案协作的有关内容，强化了协查主体法律责任，同时还规定了协作地公安机关的协查回复时限。针对情况紧急，委托地公安机关协查材料、函件、有关法律文书不齐全时，"委托地公安机关可以将办案协作函件和有关法律文书通过电传、网络等保密手段或者相关工作机制至协作地公安机关，协作地公安机关应当及时协查"，这一规定极大地促进了办案协作的工作效率。依据《规定》，江西省公安机关处理了大量外地公安机关有关涉众型经济犯罪案件请求协作协查事项。

二、贯彻执行《规定》中遇到的问题

（一）刑民交叉案件界定仍有一定困难

实践中，有部分民事经济纠纷，当事人因为自身举证困难而向公安机关报案，要求公安机关追究对方刑事责任。公安机关不得不先进行初步侦查(不侦查会产生上访压力)，在侦查过程中取得的相关证据最终又被当事人当作解决民事纠纷的证据，从而浪费了侦查资源，也给人民群众造成了公安机关插手经济纠纷的不良印象。公安机关立案侦查的经济犯罪案件被检察机关改变定性的概率远高于其他犯罪，也体现了经济犯罪案件定性难的问题，其主要原因在于经济犯罪自身的复杂性和侦查人员对各罪名的理解不同。对经济犯罪案件与普通民事经济纠纷没有很好把握而导致案件久侦不结的情况也有出现。如峡江县公安局于2013年6月6日对刘某涉嫌诈骗江西飞鸿投资发展有限公司财产进行立案侦查，断断续续采取了一些侦查措施，但是对犯罪嫌疑人没有采取任何强制措施，也未根据侦查情况撤案或者移送审查起诉。2018年4月，峡江县检察院根据《规定》第二十五条的规定，向公安机关发出《纠正违法通知书》，并监督撤案。

（二）办理涉众型经济犯罪案件困难多

一是犯罪主体认定难。涉众型经济犯罪案件的犯罪形态包括单独犯罪、一般共同犯罪和有组织共同犯罪。作为一种严重扰乱社会经济秩序和群众正常生产生活秩序、社会危害性较大的犯罪形式，涉众型经济犯罪一旦其成员、作案区域相对固定，很容易向集团犯罪方向发展。在涉众型经济犯罪中，行为人一开始往往都是设立正规的企业、公司，从事正常生产经营活动，后来才从事犯罪行为。有的涉案单位实际上是一人公司，虽设立时有多个股东，但除被告人外其他都是挂名股东，这些单位看似公司，实际上并没有按公司法相关规定运行，没有规范的财务制度，账目管理混乱。有的公司在各地设立分公司、子公司，通过分公司、子公司对外集资，集资的款项进入总公司账户，大部分款项都无法查清是用于生产经营还是个人使用，上述情况对认定单位犯罪还是自然人犯罪都有一定争议。二是取证标准欠统一。当前，涉众型经济犯罪中，犯罪团伙众多，犯罪网络化明显，很多案件跨多个省市，而自对犯罪嫌疑人采取强制措施之后，案件就进入了倒计时，侦查取证时间紧迫。再加之基层警力、技术有限，取证难以到位便直接影响案件定性或定罪。例如，网络期货或虚拟货币的交易，网站可能涉及后台控制价格，导致会员亏损，可能存在诈骗，但往往因为无法收集网站后台数据等证据，只能以非法经营、传销等罪追究刑事责任，或因证据不足无法追究责任。比如景德镇市检察机关查办的周某某等人涉嫌虚开增值税专用发票一案，因涉案金额4亿多元，大部分涉案企业没有正常营业，案发以后更是难以找到联系人，取证范围广，在批准逮捕后提请批准延长羁押期限3次，在审查起诉阶段又二次退回补充侦查，可见案情复杂，侦查取证难度之大。三是涉案财物处理难到位。集资诈骗等涉众型犯罪涉及的被害人众多，而查封、缴获的犯罪嫌疑人财产一般不够返还所有被害人，且还存在不能完全确定被害人人数的问题（被害人没有全部到公安机关报案）。法院判决也只追究刑事责任，对查封财产并不作出处理，判决生效后，涉案财物如何处理是个难题，可能引发集体上访。

（三）非法占有目的的难证实

多数经济犯罪案件都要求行为人主观上具有非法占有的目的，但犯罪目的是行为人主观上通过犯罪行为所希望达到的结果或形成的状态，目的只能是行为时的目的，目的的有无以及目的的内容都应以行为时为基准来判断。由于"非法占有的目的"仅是行为人的主观意志内容，虽然会通过一定的外在行为表现出来，但往往非常模糊，且行为人通常会进行一系列的正当性掩饰行为。加之刑事诉讼法"不得强迫自证其罪"原则的确立，更不能寄希望于行为人主动承认其主观占有目的或者提供任何有利证据。这导致搜查取证时，往往很难搜集到能够明确证明行为人具有明显非法占有目的的相关证据。另外对于行为人的无罪辩解，往往也因为无法查找到确实充分的证据驳斥其观点，不能排除合理怀疑，而最终导致案件无法认定。比如，婺源县检察院2016年5月13日对梁某涉嫌合同诈骗罪进行立案监督，经为期一年审查，2017年6月2日向县公安局发出《通知立案决定书》，后该案涉嫌经济犯罪部分上提由上饶市公安局经侦支队侦查，由于对行为人非法占有的目的认定取证困难，影响案件定性，导致目前该案仍处于公安机关侦查阶段。

（四）案件管辖协调方面遇到新难题

《规定》实施后，在管辖权方面，较好地解决了各地公安机关常常以管辖权为由互相推诿、不敢或不能立案的问题，但由于《规定》对管辖条件规定的过于宽泛，实践中也出现了侦查机关容易选择性立案的新问题。有的地方争着管辖，尤其是在办理税案中，虚开地、接受虚开地、介绍虚开地都争着管辖案件。如鹰潭市公安局经侦大队办理的白某某虚开发票案，与湖南郴州公安机关发生管辖争议，在鹰潭市公安局已将犯罪嫌疑人逮捕后，郴州公安机关还将嫌疑人挂在网上追逃。有的地方拒绝并案，有的公安机关对跨区域经济犯罪案件，只对本地出现犯罪事实的案件进行立案侦查，而对涉及当事人在其他地方犯罪的案件不想管、不愿管，甚至拒绝其他地方公安机关的并案要求，往往造成各地警方各自为战，无法形成有效合力打击犯罪。如赣州市赣县区公安局经侦大队办理的一起合同诈骗案，发现犯罪嫌疑人先后在南昌、龙南、赣县区等地注册皮包公司，并利用"连环诈骗"或"拆东墙补西墙"的手段进行合同诈骗活动，但南昌、龙南两地公安机关都对其管辖地发生的犯罪事实进行了立案侦查，赣县公安局经侦大队将案件分别移送两地并案管辖，但一直未能并案成功。

（五）个别条款可操作性不强

调研过程中，公安、检察干警对《规定》的部分条款在具体适用上也提出了一些建议。比如，《规定》第25条规定："对犯罪嫌疑人未采取强制措施，自立案之日起二年以内，仍然不能移送审查起诉或者依法作其他处理的，应及时撤销案件。"对此，检察机关能否以此为依据监督撤案存在不同认识。有的检察人员认为可以，但也有检察人员认为这类案件大多属于事实难以查清，也不能说是没有犯罪事实，故不能据此监督撤案。如果不监督撤案，侦查机关往往由于案件检查、案件质量等原因，不会主动撤案，该条款就形同虚设。比如，峡江县公安局办理的刘志勇合同诈骗案，公安机关于2016年1月12日立案，经侦查以后发现没有犯罪事实，之后也没有及时撤案，2018年5月，峡江县检察院对该案进行了监督撤案。同样是对该条款，规定如果需要继续侦查的，经省级以上公安机关负责人批准可以继续侦查。有侦查人员反映，这一审批权设置条件过高，县级经侦部门办理的案件大多是犯罪事实明确，涉案金额不大但嫌疑人身份不明确的案件，如一概需经省级公安机关负责人批准，不仅手续过于繁琐，而且增加基层负担，不利于打击犯罪，建议调整为上一级公安机关批准。又如《规定》第六十四条规定："立案地公安机关赴其他省、自治区、直辖市办案，应当按照有关规定呈报上级公安机关审查批准。"有侦查人员反映，该规定在办案中不利于简化办案程序、提高办案效率，增加了公安机关办案难度，比如立案地公安机关为省级公安机关，那么其办理的跨省案件需报公安部审查批准。

三、加强和改进工作的意见

（一）进一步完善相关规定

针对《规定》部分条款在具体适用上有一定障碍，建议抓紧研究制定相关实施细则，逐步建立办理经济犯罪案件证据指引，对一些条款在执行过程中有争议或操作性不强的情况进一步予以明确。有的地方提出《规定》因没有最高法的参与，未有效解决刑民交叉案件的处理问题，实践中缺乏法律适用的统一性，建议各地在研究制定相关实施细则时，将省级高级人民法院纳入规范性文件制定主体范围，由省级公检法联合发文，解决在办理经济犯罪案件中法律适用的统一性问题。

（二）积极寻求党委政府支持

建议由省委政法委牵头，成立公检法、维稳、金融、法制、信访、工商、税务、银监、证监、人民银行等部门共同参加的涉众型经济犯罪综合治理协调机构，健全责任体系，形成"党委主导、政府主抓、金融主办、属地主责、公安主掌"的工作格局，共同做好涉众型经济犯罪案件打击处理、后期财产执行、案件善后、综合治理等工作。实践证明，有党委政府的协调推动，工作成效就比较突出。比如乐平市检察院办理的吴某某等非法吸收公众存款等案件，市委市政府高度重视、大力支持，公安、检察、法院、财政、工商、国土等部门参与合作，有关党政领导亲临一线指挥协调，召集相关部门召开协调会，督促相关部门各司其职、协调运转，使该案善后问题有一定的途径和渠道解决，最终案件的综合处理实现了政治效果、法律效果和社会效果的有机统一。

（三）坚持双管齐下，促进检警关系良性互动

一方面，加强对彼此职业的认同感，完善与公安机关的沟通协调机制，继续贯彻落实重大疑难案件听取检察建议机制、联席会议机制，共同研究总结办案中存在的问题，减少分歧，增加共识。针对经济犯罪案件的特点，建立检警沟通绿色通道，强化捕诉衔接、为快捕快诉铺平道路。针对经济犯罪案件经常遇到的疑难复杂情况，检察机关应该把握好时机，适时提前介入侦查，引导取证，确保案件质量。另一方面，充分发挥法律监督职能作用，推动检察监督与公安机关内部执法监督衔接，推动公安机关执法规范化建设，提升经济犯罪案件的办案质量，实现惩罚犯罪与保障人权相统一。同时，要改进工作方法，检察机关要着力推动重大监督事项案件化转型。从对经济犯罪侦查监督的职能履行情况看，审查逮捕相对成熟，立案监督和侦查活动监督相对薄弱。

（四）加强学习培训，建立一支综合素质高的队伍

经济犯罪案件的办理相较于普通刑事犯罪案件往往更复杂，需要办案人员熟练掌握各方面法律法规及政策，牢固树立"证据意识"，这就需要办案人员具备较高的业务能力。只有通过不断加强学习、实践，才能适应办案工作需要。同时，经济犯罪案件中犯罪嫌疑人往往利用网络作为犯罪手段，隐蔽性强，取证难度更大，更加需要办案人员熟练运用网络技术手段。因此，办案人员必须熟练操作违法资金查控平台、大数据分析等平台工具，善于将侦查思路与情报研判相结合、善于用科技手段解决办案问题、善于总结提炼经验做法，真正发挥好"打击、服务、参谋"作用。

（五）加强业务指导，及时发现总结经验

下级机关办案中遇到的问题要及时向上级机关请示汇报，主动寻求支持和帮助。上级机关要继续对经济犯罪案件办理难点问题深入调研，动态掌握经济犯罪案件发案规律和特点，注重把握新型犯罪的特殊表现形式，充分发挥案例指导作用，对有特色亮点的做法及时总结推广，尤其是对《规定》等的适用理解要加强对下指导，帮助下级机关解决适用中的疑难困惑。

惩防涉药类犯罪实证研究

——以近3年盐城市检察机关办案数据为样本

孟庆松　王　剑*

近年来，涉药类违法犯罪活动层出不穷，笔者深入调研了2015年6月—2018年6月盐城市检察机关办理的涉药类案件，挖掘实践中查办该类案件存在的问题，提出相应的对策建议，以期为惩治和预防涉药类犯罪提供参考。

一、概况及特点

3年间盐城市检察机关共审查逮捕涉药类案件30件42人，审查起诉51件166人，主要集中于生产、销售假药罪，非法经营罪和贩卖毒品罪（涉案药品为精神药品异化而成的"轻毒品"）三类罪名，并具有以下几个特点：

一是犯罪组织呈现规模化、集团化趋势。涉药犯罪团伙之间多以亲戚、朋友为纽带，或以网络为媒介，积极发展下线、招收代理，组织严密稳定、成员相对固定，3年间审查起诉3人以上团伙作案12件121人，其中，10人以上的6件84人。实践中，往往在办理一个药品团伙犯罪时便能牵扯出关联案件，涉案人多、案情复杂，办案难度较大。

二是生产工艺简单、地点隐秘，利益链成熟且相对分离。多为家庭式、作坊式生产，技术门槛较低，生产工艺简单，且在原料采购、生产加工、包装运输、销售代理等环节形成了较为成熟的利益链，各环节由不同的人异地分工处理，呈现分离式状态，查处成本高、难度大。

三是犯罪网络化趋势明显。犯罪人员采用网络电商模式售卖药品的明显增多，审查起诉的涉药类案件中采用网络手段的有30件，占总数的58.82%，网络监管难度较大。实践中还出现了因海外代购而获刑的情形，因未通过药品监督管理相关部门审查，且未获得进口药品注册证书，依法应当认定为假药。

四是刑罚追责过轻。其一，判决呈现轻刑化。涉药类犯罪获利很高，如马某某贩卖毒品案中，其销售可待因溶液每袋进货价格为1.8元，销售价为4.8元，流通到市场上后价格涨到6.7元，甚至更高，而其违法成本却偏低。3年间被判刑的137人中，被判处有期徒刑三年以上的仅18人，占总数的13.14%，难以对该类犯罪形成有效的高压态势。其二，罚金刑威慑力不足。一方面，大多数犯罪情节较轻的被告人被判处的罚金并不高，5万元以下的86人，占被判

---

* 孟庆松，江苏省盐城市人民检察院法律政策研究室主任；王剑，盐城市人民检察院法律政策研究室检察官助理。

处罚金刑136人的63.24%，难以达到惩戒的效果；另一方面，犯罪情节较重的被告人被判处的罚金刑很重，很难执行到位，一定程度上影响了司法权威。

二、查办涉药类案件工作中存在的问题

（一）法律适用层面

1.危害药品安全犯罪客体的界定较为局限。刑法将生产、销售假药、劣药罪归属于破坏社会主义市场经济秩序罪，而实践中，其侵犯的客体较为复杂，不仅破坏了国家对药品的管理制度，还侵害了不特定多数人的健康权利和生命安全，对公共安全造成了一定的威胁。

2.假药、劣药的界定不够科学。药品管理法对假药、劣药进行了界定，还列举了以假药、劣药论处的情形，但是列举的假药、劣药的表现形式过于宽泛，有时还出现竞合现象。3年间，盐城市检察机关未办理一起生产、销售劣药案，这也从侧面反映出"劣药"含义的模糊，在司法实践中应用范围较窄。

3.药品与保健品的界限易模糊。在法律上保健品属于食品，有很多既是食品又是药品的物品均可以添加于保健食品中。从查办的案件来看，有的商家故意模糊食品和药品的界限，以保健品的名义销售药品，来规避网络监管。而对于销售含有西药成分的保健品，应认定为销售有毒有害食品还是销售假药，实践中争议颇大。

（二）案件查办层面

1.使用暗语交流，难发现。违法犯罪人员为规避网络关键词追查，基本上都采用暗语交流，如"立健亭"被称为"大力"，奥亭止咳露（袋装）被称为"袋奥"等，隐秘性很强，筛选、屏蔽相关违法犯罪信息的难度大。

2.上线反侦查意识强，难追责。涉案人员的上线均具有较强的反侦查意识，网售的上线卖家多冒用、盗用他人身份，而非网售的上线卖家则采取送货上门、匿名销售的方式，全程不留痕，上线卖家的身份信息的查证往往无从下手。

3.犯罪数量和金额相关证据易灭失，难认定。非网上售卖涉案药品的卖家，一般不记账、不留痕，且消费者随意性、流动性较大，而网上售卖涉案药品的卖家则会通过及时删除销售、转账记录等方式逃避打击，办案机关均很难收集、固定证据。再加上药品是消耗品，不易查扣实物，多需要通过销售清单、送货凭证等客观证据来证实犯罪数量和金额，一旦客观证据毁损，很难认定已销售的数量和金额。

（三）执法司法层面

1.证据收集能力有待提升。3年间，办结、移送单位撤回13人，退回补充侦查38件183人，且均为事实不清、证据不足的情形。侦查机关在对假药进行查处时往往受限于药品管理专业知识、鉴别能力、人员力量等因素，取证、固证工作质效不高，错失惩处违法犯罪的良机。

2.两法衔接有待加强。涉药类犯罪往往具有行政违法和刑事犯罪的双重属性，行政执法中，对一些危害药品安全的行为难以准确定性处罚。从盐城市药品综合治理情况来看，向公安机关移送案件的数量逐年上升，但移送案件数占比仍然不高，部分涉嫌犯罪的案件止步于行政执法环节。

（四）社会治理层面

1.涉药类案件相关人员违法违规较多。实践中，存在违规挂靠药业公司借用经营资质及公司账户非法经营药品，以及基层卫生室、社区卫生服务站等工作人员违规倒卖药品等现象，导致不合格药品流向基层医疗机构、轻毒品流向社会。

2."四小"店成高发区域。涉药类违法犯罪多发生在镇村、城市中的"四小"店，即小药店、小保健品店、小诊所、小美容店等监管薄弱区域。"四小"店药品来源流动性大、可靠性低，违法犯罪活动易发、多发，难追查。

3.快递物流业寄递工作不规范。通过快递物流业交付隐蔽性强，有的寄送时提供虚假信息，有的仅凭单号就能取到货，有的甚至存在涉药类违法犯罪人员向快递物流业渗透的情况，如在某销售假药案中，涉案人员骆某某代理了几个快递公司的业务，为寄递违规药品提供了极大的便利。

三、防控涉药类犯罪的对策建议

（一）修改完善药品相关法律规定

一是调整涉药犯罪刑法规制的限度。建议将部分人数多、范围广、后果严重的危害药品安全犯罪纳入危害公共安全类犯罪，这也是检察机关在药品领域提起公益诉讼的正当性基础。

二是探索设立"生产、销售伪劣药品罪"。探索把假药、劣药统一归为"伪劣药品"，将假药、劣药作为量刑情形，从而避免两者难界定的问题，减少案件定性的分歧。

三是慎重认定药品与保健品。实践中，办案人员一般通过审查其包装、说明、宣传等形式要件来区分，即生产厂家为医药公司还是保健品公司，批准文号是"国药准字"还是"卫食健字"，说明书上有无"治疗""主治""适用症状"等字样。而对于在包装上不作明确标注或者"张冠李戴"的行为，应当按照生产、销售的目的来具体认定。

四是适当加重刑罚。综合考量涉案金额、行为手段、药品属性、适用人群等因素，适当加重违法犯罪人员的刑期及罚金刑，预防再犯。

（二）严格开展药品监管和执法司法相关工作

一是加强药品监管。着力破解食药监、卫生、质监等多部门职责交叉、衔接梗阻等问题，在乡镇一级设立药品监管派出机构，对涉药执证单位开展常态化监管和不定期监管。加强对基层医疗机构、"四小"店，精神药品、成人药品等重点药物，医药公司外聘业务员、基层医疗机构工作人员等的重点监管，形成全面、严格的监管网。

二是健全衔接机制。进一步健全案件线索共享、联合督办、协同查处、互动培训、座谈讨论等工作机制，健全联席会议制度，相互通报执法司法工作近况，及时梳理、总结在定性、证据等方面上存在分歧的案件，促使相关部门统一认识、形成合力。

三是借力科技手段。充分依托高科技，形成网上网下无缝对接的打击机制。借助"大数据"平台进行数据比对，加强对网络聊天软件、实时通讯工具、快递物流、银行账户等相关信息的监测，及时获取相关线索。建立健全网络投诉举报、网店差评投诉监测机制，挖掘可能的线索来源。及时锁定买卖交易的关键信息，将数据转化固定为证据。

四是加强法律监督。检察机关要切实履行法律监督职责，推动有案不移、有案不立、以罚代刑等问题的有效解决。对侵犯到不特定大多数人的药品安全事故，用好公益诉讼这把"利器"，积极使用检察建议、支持起诉等方式来解决。加强分析总结、动态研判和督促检查，深入分析案件暴露出的监管问题，及时提出检察建议。

（三）加强社会治理

一是明确网站、电商平台的主体责任。净化网络环境、全面清理违法药品买卖信息是源头治理的关键。要进一步强化网络安全监管，解决网络监管力量不足、流于形式等问题。电商平台要加强对涉药商品和店铺的监管，网站、论坛、搜索引擎等要及时屏蔽售卖伪劣药品、精神类药品的信息，避免相关不良信息的进一步传播。

二是严格落实寄递规范和安全措施。全面落实寄递实名制，及时发现和纠正快递物流寄递中的违法违规行为，细化落实寄递过机、开箱验视等安检措施，强化对货物的查验和监管。加强对快递物流从业人员的培训，提高其辨识能力。

三是加强药品知识宣传教育。广泛开展药品安全知识、以案释法等宣传活动，提高全社会对药品安全的认知水平。畅通投诉举报渠道，推行有奖举报制度，支持新闻媒体开展舆论监督，提高公众维权意识，构建惩防涉药类犯罪的良好社会氛围。

青少年司法专业社工参与
涉罪未成年人帮教工作实证分析
——以浙江省诸暨市"检馨"青少年司法专业社工服务队为对象

郭滢姗　金纯盈★

长期以来，检察环节参与涉罪未成年人帮教工作[①]的主体单一、力量薄弱以及帮教方式简单等问题制约了帮教工作质效的提升，尤其在解决涉罪未成年人的个体差异性、多样性问题上更是捉襟见肘。诸暨市检察院创新运用"依靠和发动群众"这一"枫桥经验"法宝，探索建立"帮教基地+青少年司法专业社工"新型帮教考察模式，并以此为基础，于2018年初联合共青团诸暨市委组建了绍兴地区首支司法社工队伍——诸暨市"检馨"青少年司法专业社工服务队[②]。虽然该项制度的实施时间不长，但取得了较为理想的帮教效果。笔者试结合实践，对青少年司法专业社工参与涉罪未成年人帮教工作的特点和不足进行分析，以期最大限度消除涉罪未成年人再犯罪的可能性。

一、青少年司法专业社工参与帮教工作的基本情况

2018年上半年，全市新增附条件不起诉涉罪未成年人10人，附条件不起诉帮教考察期限届满3人，依法提起公诉1人，考察期满依法作出相对不起诉处理2人。上述10人进入附条件考察期后，通过社会调查、心理测评等工作，结合其日常生活状态，协助制定个性化帮教方案，配备心理老师全程指导，由社工有步骤、分阶段开展帮教工作。

（一）协助制定个性化帮教方案

作为浙江省未成年犯罪嫌疑人人格甄别机制试点单位，诸暨市检察院与市内两家心理咨询机构有着长期的合作。帮教考察过程中，坚持引入心理老师，对每名作出附条件不起诉的未成年人，根据个案情况、成长经历、身心特点和矫治资源等具体情况协助制定个性化帮教方案，设置个性化矫治目标和帮教措施。同时，考虑到帮教考察期限相对较长（一般在6个月以上），被帮教未成年人可能出现身体、心理变化等因素，由社工每月将相关情况及时反馈给心理老师，心理老师根据被帮教的涉罪未成年人的状态及时调整方案，保证帮教工作的

★ 郭滢姗，浙江省诸暨市人民检察院公诉部副主任；金纯盈，诸暨市人民检察院公诉部检察官助理。
[①] 本文所探讨的涉罪未成年人帮教工作，主要是指针对检察机关作出附条件不起诉决定的未成年人所开展的帮教考察活动。
[②] 成员主要由共青团诸暨市委从在册登记的诸暨市社会工作者中挑选，经审核、培训合格后录用。

切实有效。

（二）全方位监督帮教活动

要求每名被帮教未成年人每月参加4次累计不少于8个小时的帮教活动。同时，给每名被帮教未成年人指定1名社工，全程监督其参加帮教活动的情况，并将参加活动的时间、质量、效果、表现等详细记入帮教考察手册。

（三）严格落实教育谈话制度

联合共青团诸暨市委，通过邀请心理老师授课等方式对社工开展针对性岗前培训，使其掌握心理学、教育学、社会学等方面的基本知识，为其参与涉罪未成年人帮教工作奠定理论基础。帮教过程中，社工坚持每月对被帮教未成年人开展思想教育和谈心谈话活动，围绕法律认知调整、就学就业指导、行为矫正、情绪疏导、青春期性心理介入、自信心培养、社会交往等开展工作，帮助其建立正确的人生观、价值观，树立坚定的理想信念。

（四）推广开展家庭亲职教育

坚持在不违反保密原则的前提下，对涉罪未成年人开展就近帮教，使其在相对熟悉的环境中接受监督，以便更快适应正常社会生活。社工充分利用帮教基地平台，系统性开展家庭访问、亲子课堂、亲子运动会等形式多样的家庭亲职教育工作，帮助涉罪未成年人家长纠正养而不教、重养轻教、教而无方等家庭教育问题，从源头预防再犯罪的发生。

（五）规范制作帮教评定报告

要求在未成年人附条件考察帮教期届满前10日，社工应结合被帮教未成年人考察期间的日常表现，从心理（犯罪心理有无及强弱）、行为（再犯罪可能有无及大小）、成果（悔罪态度及转化情况）等方面对涉罪未成年人进行综合评估，其帮教评定意见将作为对被帮教未成年人作出司法处理决定的重要参考意见。

二、青少年司法专业社工参与帮教工作存在的主要问题

（一）帮教活动专业化水平不够

当前，附条件不起诉考察工作还缺少具体的法律规定，各地检察机关基本都是结合实际情况开展工作。从帮教工作内容看，主要分为谈心谈话、家庭访问、阅读学习以及公益活动或志愿服务等。这些活动，虽然有助于被帮教未成年人融入社会生活，但也存在比较明显的问题：一方面，缺少针对性，不能很好地根据被帮教未成年人的具体情况开展帮教矫正；另一方面，多人互动或集体活动的开展缺乏专业性的统一培训和督导，在帮助被帮教未成年人建立良好社会交往关系上存在局限性。

（二）帮教人员职业化程度不高

"检馨"青少年司法专业社工多为兼职人员，虽然诸暨市检察院筛选人员时充分考虑了这一特殊情况，有针对性地设计了"帮教基地+"的方案，尽可能在社工数量较多的村、社区建设帮教基地，从中挑选社工参与涉罪未成年人帮教工作。但是，随着实践工作的深入开展，"兼职"不可避免地会对帮教活动的持续开展产生不利影响，而且在社工队伍的纪律约束、绩效考核以及后续培训管理上也存在较大的问题。

（三）帮教效果与预期目标存在差距

帮教工作的实际效果，有赖于社工扎实的未成年人犯罪知识基础、良好的人际沟通能力和饱满的帮教工作热情，三者缺一不可。"检馨"青少年司法专业社工队伍成员虽然普遍具备较为丰富的基层工作经验，但在未成年人犯罪知识方面相对欠缺，在与涉罪未成年人沟通交流方面也还有很大的提升空间。此外，青少年司法专业社工介入未成年人帮教尚乏法律定位和经济保障，帮教薪酬较低，不利于长效的激励和培养机制的形成，工作热情难以长期保持。

（四）缺乏专门的帮教场所

由于涉罪未成年人通常文化水平相对偏低，个性化帮教方案中传授劳动技能的内容较多。而实践中能够传授涉罪未成年人劳动技能的专门场所不多，即使创造条件让部分技术学校接纳涉罪未成年人，检察机关也往往无力负担相应的培训费用。此外，由于缺乏专门的帮教场所，帮教活动存在不确定性，容易出现涉罪未成年人因故不能按时参加帮教活动的情况，导致出现因过于严苛而侵害涉罪未成年人合法权益，或因过于宽松使帮教考察流于形式的情况，涉罪未成年人帮教考察工作面临挑战。

（五）家庭参与程度偏低

在对涉罪未成年人帮教过程中，需要家长积极履行监护职责，认真学习家庭教育知识，参与引导涉罪未成年人回归正常的社会生活。实践中，在附条件不起诉决定作出前，大部分家长为了争取从轻处理，往往会保证全力配合检察机关开展帮教工作，但正式进入帮教考察期后，家长往往又会因工作及亲子关系等诸多原因无法或极少参加帮教活动。

三、对青少年司法专业社工参与帮教工作的建议

（一）积极构建专业化的帮教活动体系

未成年人可塑性强，性格易变化、反复，往往需要经过较长时间的帮教，结案后更有3年的再犯跟踪考察期。帮教活动若不够专业和体系化，极易使帮教效果大打折扣。同时，对不同的涉罪未成年人需要有针对性地制订不同的帮教方案，不同的帮教内容则需要不同的帮教场所、采用不同的帮教方式。如劳动技能教育和心理疏导教育，若能明确将工读学校等作为涉罪未成年人固定的帮教场所，通过走读、夜读或选修课等不同形式，设置科学有序的帮教课程，从思想、心理、技能等不同角度对涉罪未成年人开展帮教，不仅能够长期有序地开展涉罪未成年人帮教工作，帮助其塑造思想品德、调整人际交往能力，更能让涉罪未成年人掌握一定的劳动技能，获得谋生能力，对减少再次犯罪有相当裨益。

（二）加快建立职业化的帮教队伍

严格制定青少年司法专业社工的选聘标准，进一步推动政府引导、社会组织参与、社会力量支持的专业社工机构建设。可以通过政府发布岗位的方式，招聘一批专职的具有青少年社会工作专业背景、掌握一定法律和心理学知识、愿意参与涉罪未成年人帮教工作的高素质、高学历、专业性人才。同时，可引入市场化运作方式，通过政府、社会、家庭多方分担的形式解决帮教经费问题，提升社工的职业热情。政府可以通过督导和培训的方式，强化对青少年司法专业社工的管理，提高其帮教水平，为涉罪未成年人帮教考察提供有力保障。

（三）建立完善一体化的帮教矫正体系

积极整合家庭、社区、学校、司法、教育、社会组织等多方资源，拓宽提供帮教服务的渠道，多方位、多角度协助涉罪未成年人顺利适应社会生活。目前，除检察机关设有专门的未检部门外，公安、法院、司法等尚未建立相应的未成年人专业部门，民政、教育、关工委、团市委、妇联等部门虽然担负相应的帮教职责，但缺乏沟通交流，相关资源未被整合利用，削弱了帮教矫正工作的实效。可以考虑通过多部门会签的形式，在帮教矫正涉罪未成年人事宜上建立合作机制，实现人力、物力、财力上的统筹运用，建立集预防、帮教、矫正、救助等多种功能于一体的帮教矫正体系，助力社工参与涉罪未成年人帮教工作。

（四）推动建立强制亲职教育机制

未成年人犯罪频发多发，且呈现出低龄化、暴力化等倾向，与家庭教育的缺失和偏离不无关系。大量案例证明，生活在单亲、再婚以及父母不和家庭的未成年人更易实施犯罪行为，父母放任溺爱、打骂体罚等不当教育方式更是将相当比例的未成年人推向了犯罪边缘。推动建立涉罪未成年人父母强制亲职教育机制，不仅有利于提升父母教养子女的技巧和能力，更可以督促父母作为涉罪未成年人的监护人切实履行监护教育职责，为涉罪未成年人重塑健康和谐的家庭环境，促使其顺利回归社会。

醉酒型危险驾驶罪量刑问题研究

李 旭[*]

一、醉酒型危险驾驶案件量刑方面存在的问题

（一）醉驾案件处理整体从严

笔者对 H 市 Y 区检察院 2014 年 12 月 26 日到 2018 年 12 月 31 日办理的危险驾驶罪案件进行统计分析，该院提起公诉后经法院判决的醉酒型危险驾驶犯罪案件共 698 件 698 人，占该院全部刑事案件的 33%，其中 2014 年为 66 人，2015 年为 115 人，2016 年为 322 人，2017 年为 81 人，2018 年为 114 人。698 名醉驾被告人中，689 名被告人被判处实刑。这说明，醉驾入刑以来，当地司法机关对醉驾一律入刑的严格执行和从严处理模式。

（二）量刑情节考量标准各异

根据统计，法院在对醉驾被告人进行量刑时，主要将被告人的酒精含量、是否发生交通事故、是否有驾驶证等作为考量因素，但却较少关注其犯罪时间、犯罪地点、醉驾地点路况等因素。笔者统计的上述 698 起案件中，无一起案件考虑到车型与路况、犯罪时间地点，上述被忽略的情节是驾驶行为危险与否的重要特征，对确定从轻或从重处罚至关重要，却未被纳入量刑考量的范畴，是目前存在的一个问题。

一些案件情节大致相同，但判决刑罚量刑差异较大。例如，冯某某危险驾驶案与柯某某危险驾驶案，都是夜间喝酒后驾驶车辆在市区交通主干道路被交警查获，冯某某为 221.18mg/100ml，柯某某为 234.96mg/100ml。但在实际的审判结果中，冯某某被判处拘役两个月，并处罚金 1 万元；柯某某被判处拘役一个月，并处罚金 8000 元。

（三）罚金刑适用失衡

根据统计结果，有 61 件案件的罚金金额超过 1 万元，占案件总量的 8.7%。在全部案件中，处罚金额最低的为 2000 元，最高则达到 2 万元。在上述 61 件罚金在 1 万元以上的案件中，主刑判处拘役三个月以上的有 14 件，存在附加刑罚金刑比较重而主刑拘役刑较轻的问题。

醉酒驾驶犯罪规定了处拘役并处罚金，在罚金刑的适用中，对罚金的数额多少没有具体标准。由于我国现行法律对危险驾驶罪罚金刑没有具体规定，实践中在判处罚金时，并未将被告人缴纳罚金的能力纳入考虑的范围内，这样就会导致判处罚金数额没有统一标准，因案而异，易出现以钱代刑的情况。

---

* 李旭，内蒙古自治区呼和浩特市玉泉区人民检察院公诉科检察官助理。

二、完善醉酒型危险驾驶罪量刑的建议

（一）明确量刑起点

1.坚持以血液酒精含量为标准。醉驾入罪量刑的标准就是以行为人血液中酒精含量为依据，笔者建议采用血液酒精含量与醉酒后醉驾行为人意识能力二者相结合的标准，对行为人的社会危害性进行科学、合理的评价。在量刑时，应当对以下问题进行考虑："行为人是否属于初犯，是否认罪悔罪，以及是否造成实际危害后果，都只是在量刑时应该考虑的问题，而不影响危险驾驶罪的成立。"[①]

2.重新设置刑法醉驾标准。当前，我国仍采用行政处罚的醉酒标准作为刑法的醉驾标准。有人提出："80mg/100ml的绝对标准只是我国治理醉酒驾驶初步阶段的标准，并不是刑法规制醉酒驾驶行为始终要坚持不变的标准。醉酒驾驶要进入更深层次的治理必须在将来增加醉酒认定的相对标准。本书主张未来危险驾驶罪中醉酒的认定需增加相对标准，是基于犯罪圈扩大的必然结果及借鉴世界范围的普遍做法"。[②]笔者建议，我国可以建立一套科学的驾驶员驾驶能力检测系统，或者利用现代科技手段让醉酒驾驶人模拟实际驾驶场景等方式，测试驾驶行为人的驾驶能力，在对其进行量刑时酌情考虑。

（二）规范量刑因素

醉酒型危险驾驶案件有其自身的特点，其他因素对其有较大的影响，很有必要对其他量刑因素进行规范。

1.考虑行为人驾驶能力。在对行为人驾驶能力判断时，可以从以下两个方面进行衡量。首先是被告人是否具备驾驶资格；其次是驾驶人既往的驾驶行为及记录。一般而言，若被告人无驾驶证，则证明其不具备机动车驾驶资格。若被告人存在多次违章记录，说明其缺乏安全驾驶的良好习惯和注意能力，难以依法履行安全驾驶的义务，其醉酒后则不能安全驾驶的概率较高。若行为人曾存在交通肇事行为，此次又出现醉驾行为，说明其人身危害性较高，应当考虑从重处罚。

2.考虑车辆安全状况。行为人的车辆安全状况包括：运载货物的状况、车辆本身的安全性能、乘客数量等。若车辆本身存在一定的安全隐患，驾驶行为人醉酒后驾驶车辆发生严重交通事故的概率较高。若车辆存在超载等问题，醉酒驾驶行为不仅威胁着道路上的交通参与主体，同时还威胁着同乘人员的生命安全。

3.考虑道路交通状况。醉驾行为与道路情况、车辆流量、车速、道路人员交通情况等存在密切关系。若犯罪嫌疑人在闹市区、城市快速道路等路段醉驾，应当酌情从重处罚。

4.考虑行为人认罪态度。对行为人的认罪态度可以从很多方面展开：行为人是否对检查进行逃避、抗拒；在发生交通事故后，是否积极报警，为他人提供救助，为被害人提供经济赔偿；是否如实向公安机关、检察机关、审判机关供述罪行等。

---

① 冯军：《论〈刑法〉第133条之一的规范目的及其适用》，载《中国法学》2011年第5期。
② 梁宾：《危险驾驶罪研究》，中国人民公安大学出版社2016年版，第115页。

（三）把握量刑要求

1.建立缓刑、免刑标准。2017年3月，最高法印发《量刑指导意见（二）（试行）》，对醉驾的量刑意见表述如下：对于醉酒驾驶机动车的被告人，应当综合考虑被告人的醉酒程度、机动车类型、车辆行驶道路、行车速度、是否造成实际损害以及认罪悔罪等情况，准确定罪量刑。对于情节显著轻微危害不大的，不予定罪处罚；犯罪情节轻微不需要判处刑罚的，可以免予刑事处罚。内蒙古自治区有关部门也根据《关于常见犯罪的量刑指导意见（二）（试行）》制定了实施细则，其中就危险驾驶罪免予刑事处罚方面作出了两条细化。[①]

笔者认为，我国应制定如下的详细标准参照执行。一是适用缓刑：在符合刑法第七十二条规定情形的基础上，被告人的血液酒精含量低于150mg/100ml，其危险驾驶行为并未引发人员伤亡、产生损失等交通事故，或引发交通事故但程度轻微，被害人给予谅解，被告人认罪服法的态度较好。二是免予刑事处罚：除符合上述细则所规定的情形外，还应包括被告人的认罪服法态度良好，积极接受公安部门、检察机关的调查；符合缓刑的标准，存在紧急避险行为或为他人提供救助的情形；其他法定情节。

2.严格罚金刑的适用标准。第一，以犯罪情节为依据确定罚金数额。在对醉酒型危险驾驶案件的犯罪情节恶劣程度进行评价时，应当首先是要判断驾驶行为危害性的程度，如行为人的驾驶距离、醉酒程度、驾驶路段、车辆性质、载客情况、有无严重超员、超载、超速或者无证驾驶情节等；二是有无造成实际损害及损害大小。三是被告人的既往违法经历及认罪服法的态度，如有无酒驾、醉驾违法犯罪经历，有无逃避、阻碍公安交警调查取证行为，是否对被害人的经济损失进行积极赔偿。第二，罚金数额应当与拘役刑相适应。鉴于危险驾驶罪最高刑规定为拘役六个月，如果判处过高的罚金刑的话，则会违背罚金刑适用的基本原则。实践中法官会适当考虑犯罪行为人缴纳罚金能力而决定罚金数额，笔者认为，这样做比较人性化，但同时要杜绝"以钱代刑"的现象。

3.探索建立醉驾案件适用缓刑、免刑乃至出罪后与行政处罚的衔接的司法制度。加拿大刑法规定对符合条件的行为人实行"替代措施"。[②]笔者建议公安交管部门可以针对醉驾行为人举办交通法律法规再教育培训班，让其缴纳一定的培训费用，对醉驾行为人既是一种惩处，也能够对其他社会民众起到预防和警示的效果。

[①] 有下列情形之一的，可以认定为犯罪情节轻微，免予刑事处罚：（1）血液酒精含量在120毫克/100毫升以下，且未发生交通事故，或者虽发生交通事故，仅造成自伤后果的；（2）醉酒在广场、公共停车场等公众通行的场所挪动车位的，或者由他人驾驶至居民小区门口后接替驾驶进入居民小区的，或者驾驶出公共停车场、居民小区后即交由他人驾驶的，未造成其他后果的。

[②] 孙君：《醉驾型危险驾驶罪的量刑问题研究》，载《南京工程学院学报》2014年第1期。

破坏国家重点保护植物犯罪实证研究

彭明伦　苏　晗★

破坏国家重点保护植物犯罪主要是指犯罪对象涉及珍贵树木或者国家重点保护的其他植物及其制品的犯罪，行为方式主要是非法采伐、毁坏、收购、运输、加工、出售、走私等。S省Q市是国家级生态示范区，生态资源丰富，2016年森林覆盖率达48.14%，其中珍贵树木为当地重要的生态资源。

一、破坏国家重点保护植物案件基本情况

2014—2017年，S省Q市检察院受理破坏森林资源案件36件50人，其中破坏国家重点保护植物案件18件32人。从各年度受理的破坏国家重点保护植物案件数来看，总体上呈先扬后抑的态势，但占破坏森林资源案件总数的比例总体呈上涨趋势，特别是2016年和2017年高达80%以上。可见，在破坏森林资源犯罪中，破坏国家重点保护植物犯罪成为主要形态，滥伐林木等一般犯罪得到了一定程度的抑制。考虑到国家重点保护植物的稀缺性，预防破坏国家重点保护植物犯罪具有现实的紧迫性。破坏国家重点保护植物案件主要有以下特点：

一是呈现团伙化趋势。在上述Q市检察院受理的18件32人破坏国家重点保护植物案件中，有21人是共同犯罪，占受理案件总人数的65.6%，可见实施破坏国家重点保护植物犯罪呈团伙化趋势。主要表现为三种情况：其一，向村民低价购买珍贵树木后，分别实施非法采伐和非法运输行为；其二，珍贵树木所有人共同实施非法采伐行为；其三，向村民低价购买珍贵树木后，雇佣他人实施非法采伐行为，受雇者受利益驱使加入盗伐珍贵树木行为。

二是多数行为人受教育程度不高，累犯、再犯较多。上述18件32人破坏国家重点保护植物案件中，除1人是城市居民外，其余均为农民。行为人主要为初中以下文化程度，占总数的75%，高中以上文化程度仅占16%。另外，32人中有10人曾受过刑事处罚，其中7人曾因破坏国家重点保护植物罪被判处刑罚，累犯率为70%。

三是犯罪对象多数为人工种植的珍贵树木。在当前国家鼓励人工培养和种植国家重点保护植物的背景下，Q市农村人工种植了大量珍贵树木，其中以楠木居多，给了犯罪分子可乘之机。统计发现，32件破坏国家重点保护植物案件的犯罪对象多数是当地村民人工种植的珍贵树木，行为人在没有办理许可证的情况下，予以非法采伐出售获利。

★ 彭明伦，四川省邛崃市人民检察院党组成员、检察委员会专职委员；苏晗，邛崃市人民检察院法律政策研究室检察官助理。

二、打击破坏国家重点保护植物犯罪面临的问题

（一）缺乏补偿机制，农民犯罪问题突出

2005年《国务院关于落实科学发展观加强环境保护的决定》指出，"要完善生态补偿政策，尽快建立生态补偿机制"，我国的生态补偿工作正式起步。随后，各地开始探索建立生态补偿机制，出台生态公益林补偿、退耕还林补助等政策措施，但至今还未有哪个地方开展国家重点保护植物补偿工作。由于缺乏国家补偿，从经济利益角度看，种植珍贵树木还不如普通树木，使得"靠山吃山"的农民不得不"另谋出路"。加之，我国部分农村经济发展较为落后，缺乏提高收入的机会，而珍贵树木经济效益巨大，导致破坏国家重点保护植物的案件时有发生。

（二）公职人员涉案，增加案件办理难度

林业管理人员担负着辖区内的林业产业指导与管理、野生动植物保护和森林资源保护等重任，是日常巡护执法主体，由于掌管实权，极易受利益驱动，参与到破坏国家重点保护植物犯罪当中，如违法办理采伐证，在日常巡护工作中予以"照顾"，或者直接利用监管人员身份自行收购珍贵树木并非法采伐获利等，使违法犯罪更加隐蔽，大大增加了案件的办理难度。同时，林业管理人员的涉林渎职犯罪，容易导致村镇农民对法律的漠视，犯罪行为滋长。

（三）实践中对犯罪对象存在模糊认识

实践中，对于人工栽培的植物是否属于国家重点保护植物存在一定争议，辩护律师也常以犯罪对象不应包括人工栽培的植物作为抗辩事由。根据国务院有关植物保护的规定，国家重点保护的植物是一些具有重要经济、科学研究、文化价值的濒危、稀有植物，既包括木本植物和草本植物，也包括野生的和人工栽培的植物。[①]从立法本义上看，人工栽培的植物只要是《国家重点保护野生植物名录（第一批）》中的植物，即应当认定为国家重点保护植物，栽培行为视为对野生植物的保护行为，受到法律保护。而四川省高院、省检察院、省林业厅印发的《关于办理破坏森林和野生动物资源刑事案件相关问题的座谈会议纪要》也进一步明确，国家重点保护植物包括人工栽培的植物，在量刑时可根据案件具体情况及社会危害程度酌情从轻处罚。

（四）宣传力度不够，村民资源保护意识不强

虽然相关部门每年都定期开展普法宣传活动，但宣传效果较为一般。从Q市近几年普法宣传活动来看，主要是宣传预防毒品犯罪、未成年人保护、农民工维权等方面的法律法规，很少涉及森林资源保护的内容。此外，宣传形式过于简单，往往未对法律条款内容和相关专业知识进行深入解读，如什么是国家重点保护植物、本地有哪些国家重点保护植物、如何合法利用等，加之仅在城区进行宣传，很少深入乡村山区普法，导致村民知晓率较低，一些人不知道需要办理许可证，甚至对自己为何犯罪感到困惑。

[①] 参见黄太云：《〈中华人民共和国刑法修正案（四）〉的理解与适用》，载《人民检察》2003年第3期。

三、打击和预防国家重点保护植物犯罪的建议

（一）惩治教育并重，强化打击成效

一是在严格落实宽严相济刑事政策的同时，要结合国家对重点保护植物的特殊保护政策，依照犯罪情节轻重进行定罪量刑，综合考虑修复被破坏的生态环境所需费用判处罚金，并加大对违法所得的追缴力度，减少再次犯罪的发生。二是尝试补种等非刑罚措施的适用，通过艰苦的劳动过程，对犯罪人员进行身心改造，既达到刑罚特殊预防的目的，又使受损的生态环境得以修复。三是推行法治宣传教育、人生规划设计、回归社会感化挽救相结合的一体化教育工作机制，努力解决犯罪人员回归社会后的再就业问题，强化打击犯罪的工作成效，破解破坏国家重点保护植物案件累犯难题。

（二）建立补偿机制，加大保护力度

为解决长期以来存在的珍贵树木采集利用与保护之间的突出矛盾，有必要参照生态公益林补偿机制，尽快出台珍贵树木补偿机制。一是各级林业主管部门要对辖区内国家重点保护植物进行摸排登记，健全档案。二是进行合理补助，或者由政府直接"赎买"，解决农民经济利益问题。其中，对于成片的国家重点保护植物，可以把管护责任逐级落实到村组实施管理，同时参照生态公益林补偿标准的合理倍数对林木所有者进行补助；对于分散的国家重点保护植物，由所有人自行管理并发放补助。三是根据"谁破坏谁恢复，谁受益谁补偿"的生态补偿原则，探索采伐利用机制。珍贵树木能够产生较大的经济利益，应允许合理采伐利用。对此，可探索建立以下机制：采伐利用具有一定年限的珍贵树木，须新种植珍贵树苗，在保证存活的前提下，以新种植的树苗换取对具有一定年限珍贵树木的采伐利用权。

（三）健全工作机制，强化动态监管

针对林业管理人员涉林犯罪问题，林业主管部门应予以重视。一是要健全监督制约机制，强化对重点环节权力行使的监督，督促工作人员按规定履行审批程序，认真执行森林资源采伐限额等制度。二是要强化对执法行为的监督，完善林业执法相关规章制度，抓好执法人员队伍建设，切实做到按制度办事。三是要定期进行廉政教育和心理辅导，积极邀请监察委、检察院、法院业务专家及学者开展培训，提高林业管理人员廉洁意识和法律素养。

（四）增添普法元素，树立保护意识

针对农民及文化程度较低人员破坏国家重点保护植物现象，结合地区特点和工作实际，创新工作方式方法，优化普法内容、普法形式，在普法活动中加入"预防和打击国家重点保护植物犯罪"元素。充分发挥以案释法等工作机制的作用，采取群众喜闻乐见的形式，深入农村山区开展相关主题法治宣传活动，发放印有森林资源保护法律法规、破坏国家重点保护植物案例等内容的宣传资料，使广大群众知晓破坏国家重点保护植物犯罪的特点、危害和刑事处罚等，增强其对国家重点保护植物的法律认知。

伪造股东签名非法占有、转让股权行为的定性分析

张 恺 王 展*

一、基本案情

2007年，犯罪嫌疑人赵某某与妻子韩某某出资30万元，魏某某出资20万元，共同成立北京某商贸有限公司，赵氏夫妇占60%股权，魏某某占40%股权，赵某某任公司法定代表人。2012年6月20日，赵某某伪造魏某某签名，提供虚假的《北京某商贸有限公司第三届第二次股东会决议》《出资转让协议书》等材料，骗取工商管理部门的股权变更登记，从而非法占有魏某某的公司股份。后赵某某将该公司以60万元价格转让于付某某，魏某某40%的股权转让款为24万元。

二、分歧意见

本案争议的焦点在于犯罪嫌疑人赵某某非法占有、转让他人股权的行为应如何定性。对此，主要有三种意见：

第一种意见认为，赵某某利用作为公司股东兼法人代表的职务便利，伪造魏某某签名、提供虚假材料，将公司转让于他人后侵占魏某某股权转让款24万元，构成职务侵占罪。

第二种意见认为，赵某某以非法占有为目的，向有关行政主管部门提供虚假材料，骗取股权变更登记从而获得魏某某40%的公司股权，应构成诈骗罪。

第三种意见认为，赵某某通过秘密窃取的方式获得他人的财产性利益，构成盗窃罪。

三、评析意见

笔者认为，犯罪嫌疑人赵某某的行为符合盗窃罪构成要件，应以盗窃罪定罪处罚。

（一）股份是否属于侵财犯罪对象

股权作为公司股东享有的权利凭证，代表股东对公司的部分拥有权，可以通过股票价格的形式表现其价值，还可转让，即具有资本性和流通性。同时，股权意味着分红权、剩余财产分配权、优先认购公司新增资本等权能，是一种现实的、具体的、直接的利益。因此，应当将与股权对应的股份，视为一种财产性利益。

本案中，无论成立诈骗罪、职务侵占罪亦或盗窃罪，都以股份属于侵财犯罪对象为前提。

---

* 张恺，北京市朝阳区人民检察院审查逮捕部检察官；王展，北京市人民检察院公诉部检察官助理。

根据我国刑法分则第五章的规定，侵财犯罪对象应是"财物"，因此，股份能否解释为"财物"，成为本案法律适用的关键。如上所述，股份是一种财产性利益，那么，就需要进一步探讨财产性利益能否解释为"财物"这一宏观问题。

过去有观点认为，将财产性利益解释为"财物"有违反罪刑法定原则之嫌。财产性利益是一个宽泛概念，如果将其纳入"财物"的范畴，与罪刑法定原则要求的"明确性"背道而驰，在实务中势必导致刑法打击范围过大。另有学者认为，在处理财产性利益能否作为"财物"的实践问题时应当区分情况对待，诈骗罪的行为对象可以包括财产性利益而盗窃罪的行为对象不能包括财产性利益。①但上述论断已越来越有局限性，目前刑法学界肯定财产性利益可以成为侵财犯罪对象之"财物"的观点已占据优势地位：一是基于法益保护周延性的需要。现代社会中，人们对财产的衡量，不再是简单地以实际占有财物的多寡为标准，而是以人们实际享有利益的多少为限。②将财产性利益作为侵财犯罪对象，可以克服刑事处罚漏洞，也是刑事政策外化于司法实务的有力彰显。二是从刑法解释学的角度亦有论证余地。刑法总则第九十二条规定的"公民私人所有财产"包括依法归个人所有的股份、股票、债券和其他财产，显然是将财产性利益涵摄在内。虽然刑法分则第五章侵犯财产罪的对象都表述为"财物"，但依据体系解释的原理，只有将"财物"解释为"财产"，才能使刑法总则与分则保持一致。③总体而言，将财产性利益解释为"财物"，并不违反罪刑法定原则，是在合理的刑法解释范畴内作出的合理论证。

本案中，魏某某所有的北京某商贸有限公司40%的股权，被赵某某以伪造签名、提供虚假材料的手段非法占有，自身的财产性利益受到严重损害，已达至刑法评价的程度。

（二）准确区分此罪与彼罪

区分此罪与彼罪的关键是行为满足何种罪名的构成要件。构成要件使大多数犯罪具有自身特点，因而与其他犯罪相区别。④在剖析各罪罪状表达得出构成要件实质内容的基础上，倘若案件事实未能与之形成对应，则行为不构成相应犯罪。

1. 赵某某的行为不符合诈骗罪的构成要件。诈骗罪既遂应满足"实行欺骗行为—产生错误认识—基于错误认识处分财物—被害人遭受损失"的构造，任一环节不可缺少。本案中，赵某某通过伪造签名、提供虚假材料骗取的行政机关的股权变更登记是否属于处分行为，关乎本案能否被认定为诈骗罪。认为本案构成诈骗罪的论者，正是以行政机关的股权变更登记行为系财产处分行为，进而得出构成三角诈骗的结论。其实，基于民法意思自治的理念，只要双方达成合意股权即可转让，行政机关对股权变更登记的行政管理行为只是对谁享有股权的事实认定，目的仅在于通过公示形成公信力，保障他人对该公司的信任，很难说是一种处分行为，充其量是一种确认。由于公司登记机关不对股权变更作实质性审查，单纯的登记行为不构成诈骗罪意义上的财产处分。⑤综上，不宜认定行政机关的股权变更登记是对股份的处分行为，因而行为

① 参见张明楷：《财产性利益是诈骗罪的对象》，载《法律科学》2005年第3期。
② 参见黎宏：《论盗窃财产性利益》，载《清华法学》2013年第6期。
③ 参见张明楷：《财产性利益是诈骗罪的对象》，载《法律科学》2005年第3期。
④ 张明楷：《刑法学》（上），法律出版社2016年版，第116页。
⑤ 王钢：《盗窃与诈骗的区分——围绕最高人民法院第27号指导案例的展开》，载《政治与法律》2015年第4期。

不能满足诈骗罪的逻辑构造，不构成诈骗罪。

2.赵某某的行为亦不符合职务侵占罪的构成要件。根据我国刑法第二百七十一条的规定，成立职务侵占罪要求利用职务上的便利将"本单位财物"非法占为己有，即犯罪对象须为"本单位财物"。本案中，赵某某通过伪造签名、提供虚假材料骗取股权变更登记获得魏某某股份，这里的股份是否为"本单位财物"？现代公司法的基本理念是公司具有独立人格，公司权利与股东权利是分离的。股份为股东享有，是个体所有的财产性利益。将他人股份私下变更至自己名下，公司财产并不因此受损，而是股东个人权益受到侵害。因此，本案中犯罪对象并非"本单位财物"而是魏某某的私人股份，并不满足职务侵占罪的构成要件。

（三）关于盗窃罪的认定

盗窃罪对窃取的手段和方法没有限制，既可以自己单独实施，亦可利用他人行为实施，关键是违反被害人意志排除其对财物的支配而建立新的支配。盗窃罪的本质是将他人占有的财物转移为自己或第三者占有，是打破他人的既有占有建立新的占有的过程。刑法上的占有是指事实上的支配，不仅包括物理范围内的支配，而且包括社会观念上可推知的财物支配人的状态。[1]股份作为一种财产性利益，可以成为占有的客体，亦可成为盗窃的对象。

本案中，赵某某以伪造签名、提供虚假材料的方法，将魏某某占有的公司股份变更至自己名下，完成了秘密窃取的过程。虽然这一过程使用了欺骗方法，但并非使对方基于错误认识处分财产，行政机关在此更贴近间接正犯中"犯罪工具"的角色，被赵某某以欺骗手段支配其参与到盗窃的实施过程，从而助推构成要件的实现，是完成窃取行为的一道程序。至于后续的公司转让过程，赵某某亦隐瞒了盗取他人股份的事实，有诈骗的性质，但笔者认为，这是一种不可罚的销赃行为，是赵某某在没有魏某某的妨碍情况下支配财物的体现，正如盗取一块宝石后出卖一样，侵害的法益只有一个，完全可以纳入盗窃罪的评价范畴，已无再单独评价的必要。

---

① 张明楷：《刑法学》（下），法律出版社2016年版，第945页。

盗取附条件使用的电商优惠券行为的认定

张洪阁　董　彬*

一、基本案情

2016年10月，京东公司杭州某派送站站长徐某得知，京东公司每月会将购买京东自营商品的优惠券发放至员工的内部电子邮箱（使用条件为每购买1000元京东自营商品，可以抵用优惠券50元），遂与派送站员工郑某和无业人员吕某商定一同盗领上述优惠券。三人通过对京东员工初始密码猜测配对的方法，试登陆京东员工内部电子邮箱，并将登陆成功的员工内部账号和网上购来的客户账号关联，盗领京东员工内部账号里的优惠券至客户账号内，之后再将盗领的优惠券以面值金额1.5折至2.5折的价格出售。至2017年1月，徐某等三人共窃取2.7万余张总面值620余万元的优惠券，出售后获得赃款120余万元。2017年2月，一名京东员工发现账户内优惠券被盗，向公司反映情况。京东公司遂向公安机关报案。公安机关提供的员工陈述笔录显示，许多员工系在案发后公司对优惠券被盗情况进行排查时才发现工作邮箱内的优惠券被盗，部分员工使用过该优惠券。

二、分歧意见

本案为新型网络侵财类案件，行为人盗取的并非现金或可以直接使用的代金券，而是购买京东自营商品时附条件使用的优惠券。对于该行为性质的认定，存在三种分歧意见：

第一种意见认为不构成盗窃罪。本案盗窃的优惠券价值建立在一定消费数额的前提之上。从案情看，行为人初次作案到案发的5个月中，只有一名员工发现优惠券被盗并向公司反映，可见该优惠券对员工而言并非具有实际价值。因此，除了该员工外（报案数额达不到认定盗窃罪的最低标准），其他员工的优惠券只能定性为遗忘物或抛弃物，对于获取遗忘物或抛弃物的，不能构成盗窃罪。

第二种意见认为构成盗窃罪，但京东公司为被害单位。该优惠券能够对外出售，因此属于财物。如果行为人没有盗领上述优惠券并贩卖给他人使用，京东公司完全可按照原价出售自营商品并获得正常利润。当优惠券被盗领并实际使用，京东公司的实际利润遭受损失，而向公安机关报案的也是京东公司，故本案的被害单位是京东公司。

第三种意见认为构成盗窃罪，优惠券被盗的京东公司员工为被害人。本案被盗的优惠券具

---

* 张洪阁，浙江省杭州市人民检察院公诉一处处长；董彬，杭州市人民检察院公诉一处检察官助理。

有价值，正是由于徐某三人的盗窃行为使本来占有优惠券的员工不能在购买京东自营商品时使用，从而遭受了实际损失，故京东公司员工为被害人。

三、法理评析

笔者赞同第三种意见，具体分析如下：

（一）附条件使用的优惠券之财产性价值

作为盗窃罪对象的财物，要具有财产性价值，而财产性价值可以分为客观价值（交换价值）与主观价值（使用价值）。只要是具有交换价值和使用价值，都可以被评价为财物。甚至对于一些对被害人而言不具有主观价值的财产，因为具有客观的交换价值，也可以被评价为财物，比如银行破损且准备销毁的货币（窃得后可对外出售用于制造假币）等。本案中，京东公司将优惠券发放给员工，虽然有部分员工尚不关注该优惠券的使用情况，但也有部分员工已经使用或可能使用该优惠券。申言之，从主观价值来看，虽然部分京东员工尚未使用该优惠券，但并不代表其永远放弃对优惠券的使用权利。因此，员工是否知道拥有该优惠券，是否准备通过该优惠券实现相关利益，不影响盗窃数额的认定。从客观价值来看，行为人盗领优惠券后并非自己使用，而是通过一定折扣对外出售，获得赃款120余万元，而购赃者也可以再度对外零售，可见上述优惠券具有市场价值。故在本案中，行为人盗窃的优惠券既有主观价值又有客观价值，具有可以货币衡量的财产性利益之属性，当然可以构成作为盗窃罪对象的财物。

同时，我们注意到，目前刑法实务界对于网络游戏装备等虚拟财产是否可以被评价为盗窃罪对象还存在争议，但本案中的优惠券明确可在购买京东自营商品时实际使用消费，与网络游戏装备等虚拟财产有着本质区别。

（二）被害人的认定思路

在认定优惠券存在财产性价值的基础上，尚需解决的是具体被害人认定的问题。众所周知，盗窃罪所保护的法益首先是财产所有权及其他财产权，其次是需要法定程序改变现状的占有（排除本权人恢复权利的情况）。[1]本案中，京东公司将优惠券放入其员工的内部电子邮箱。虽然邮箱的所有权属于京东公司（职工离职后邮箱需要归还公司），但在员工就职期间，京东公司已经将邮箱发放给员工合法保管和使用，即使其想要查看、收集员工的邮件信息，也要依法经过员工本人同意。可见，员工内部邮箱内的空间属于员工本人占有，行为人通过初始密码配对的方法盗窃员工内部邮箱中的优惠券，当然属于侵犯员工的占有权。不过，相对于大量不使用优惠券的员工，京东公司确实遭受了实际损失。但盗窃罪的被害人是盗窃对象（即最初的盗窃目标），其与盗窃行为导致的最终损失承担者是可以分离的。比如，行为人盗窃了被投了盗窃险的财物，虽然被害人为财物的所有人，但财产损失的最终承担者却是保险公司。

需要说明的是，本案行为人徐某和郑某虽系京东公司派送站员工，但其只有对经过该站的商品进行配送、流转和保管的权限，并无管理京东商城优惠券的职能。行为人获得优惠券也是采用对涉案京东员工邮箱账户初始密码猜测配对的方法，并非利用职务之便。因此，即便将京

---

[1] 参见张明楷：《刑法学》（下），法律出版社2016年版，第942页。

东公司认定为被害人，徐某等人也不构成职务侵占罪。

（三）对盗窃行为量刑的政策把握

在办案中我们关注到，本案被盗优惠券虽然有相应的面值，但该优惠券只有消费满一定的数额才能抵用，且抵用门槛较高（购买1000元商品才等同于打9.5折）。在审查和自行收集证据过程中我们还发现，上述优惠券之所以会被人收购，很大程度是因为部分京东自营商品在某个时期属于市场追捧的紧俏商品（如新出的品牌手机），许多中小经销商没有渠道获得上述商品。故部分经销商低价获得该类优惠券后使用优惠券在京东商城购买商品，最终以略低于京东零售价的价格对外销售获得利润。因此，徐某对外销售赃物的价格往往低至1.5至2.5折，这与盗窃普通商品对外销赃的价格存在明显差异。此外，本案存在的实际情况是，大量员工至案发时未使用过该优惠券，结合公安机关提供的被害人陈述笔录来看，上述优惠券的使用价值就员工的主观认知而言，与其所载的面值也存在较大差距。可见，行为人盗取的优惠券的面值数额并不能完全等同于优惠券的实际市场价值。

本案属于新型网络犯罪，而在对新型犯罪活动进行评价时，决不能停留于传统的解释范畴和观念，以传统的、滞后的刑事立法方法去解决现实问题，[①]更应当在个案中注重宽严相济刑事政策和良好的社会效果。因此，在本案的起诉书中，并未直接以盗窃优惠券的面值作为盗窃物品的价值，当然也没有以销售赃物的价格作为盗窃价值，而是对行为人盗窃物品的过程、优惠券面值和销赃价值进行客观描述。在庭审发表公诉意见时，我们也提出请法庭不要拘泥于行为人盗窃物品的价值，充分考虑其过程情节、主观恶性和较好的认罪态度进行量刑。一审法院支持了公诉意见，并考虑到优惠券的适用存在前提条件，对三名行为人处以了相对轻缓的刑罚。判决后，被告人没有提起上诉，被害人也没有申请抗诉。

[①] 参见［德］乌尔里希·齐白：《全球风险社会与信息社会中的刑法》，周遵友等译，中国法制出版社2012年版，第305页。

在管理松散的小区内部路段醉酒驾车行为之定性

向波 李毅*

一、基本案情

2017年12月1日晚，犯罪嫌疑人朱某某在成都市新都区某小区长期租住房内与朋友大量饮酒后，在驾驶停放在小区内的车辆送朋友离开时，因严重醉酒无法找到小区出口，车辆长时间在小区内绕圈，后与停放在小区内的两辆轿车发生碰撞，致三车受损。民警接到小区物管报警后，赶到现场将朱某某挡获。经检测，朱某某的血液样品乙醇浓度为244.7mg/100ml。

经查明，朱某某醉酒驾车的小区系某企业的老式家属院，道路狭窄，住户多。案发时小区门口设有门栏和门卫，社会车辆出入须向门卫说明原因方能放行，但因不收费，未对社会车辆出入进行书面登记，管理较为松散。物业工作人员证言证实，该小区内的停车位原则上仅供小区住户及访客停放，但不排除有社会车辆进出停放的情况。

二、分歧意见

本案的争议焦点在于，小区内部路段是否能认定为刑法第一百三十三条之一规定的"道路"，以及在人员密集的小区内严重醉酒驾车的行为能否适用刑法第一百一十四条规定的以危险方法危害公共安全罪。案件办理中形成了以下三种不同意见：

第一种意见认为，朱某某醉酒后驾车的小区系封闭的居住小区，小区内部路段原则上仅供小区住户及访客通行，属于只允许特定关系或者特定事由的车辆通行的情况，该路段不具有公共属性，不属于刑法第一百三十三条之一规定的"道路"范畴，不能以危险驾驶罪定罪处罚，同时也不构成其他犯罪，应当作不起诉处理。

第二种意见认为，朱某某驾车行驶的小区无出入登记，对社会车辆出入的管理较为松散混乱，其他不特定车辆在这种管理方式下也可能出入该小区，小区内部路段具一定的公共属性，可以认定为"道路"，应当以危险驾驶罪定罪处罚。

第三种意见认为，朱某某驾车行驶的小区内部路段不属于刑法第一百三十三条之一规定的"道路"，不能以危险驾驶罪定罪处罚，但朱某某驾车的小区人员密集、道路狭窄，其重度醉酒后驾车并造成三车相撞，已严重威胁到小区居民的生命财产安全，符合刑法第一百一十四条规定的"以其他危险方法危害公共安全，尚未造成严重后果"，应以以危险方法危害公共安全罪

---

* 向波，四川省成都市新都区人民检察院检察长；李毅，成都市新都区人民检察院公诉科检察官助理。

定罪处罚。

三、评析意见

就上述分歧，笔者倾向于第三种意见。

(一)关于刑法第一百三十三条之一中"道路"的认定问题

2013年"两高一部"《关于办理醉酒驾驶机动车刑事案件适用法律若干问题的意见》规定，"道路""机动车"适用道路交通安全法的有关规定。而道路交通安全法第一百一十九条明确规定，"道路"是指，公路、城市道路和虽在单位管辖范围但允许社会机动车通行的地方，包括广场、公共停车场等用于公众通行的场所。从相关规定中可以看到，危险驾驶罪侵犯的客体无疑就是"道路交通安全"这一公共安全，"道路"也主要是指公共交通道路，但非公共交通道路在具有一定公共性的情况下，亦属于本罪的"道路"。就校园、厂矿、机关等特定区域而言，如果允许社会车辆自由通行，即表明这些区域具有一定的公共性，可认定为本罪中的"道路"。就广场、公共停车场等区域而言，由于这些区域是专门用于公众通行的场所，显然具有较强的公共性，也理应属于本罪中的"道路"。

故笔者认为，小区内部路段能否认定为"道路"的关键在于其是否具有通行公共性，即能否让不特定多数车辆自由通行。如果小区实施的是封闭式管理，任何社会车辆均须向门岗处说明事项，经登记后方被允许进入，则说明该小区内通行的车辆具有特定性，亦即不符合通行公共性，从而不宜认定为危险驾驶罪中的"道路"。但是，如果小区实行的是开放式管理，未设门岗或者门岗管理流于形式，并不禁止社会车辆在小区内自由通行，则可以认定为危险驾驶罪中的"道路"。

具体到本案，案发小区系封闭式住宅小区，设有门岗道闸，小区内部路段原则上仅供小区住户及访客通行，社会车辆均须向门卫说明原因方能放行，已经限制了外来无关车辆的进入。虽然因小区不收费、未进行出入登记，不排除有社会车辆自由出入的特殊情形，但这种情况具有偶发性，并不影响对其只允许特定关系车辆通行的认定，故该小区内部路段不应属于刑法第一百三十三条之一规定的"道路"范畴，朱某某的行为不构成危险驾驶罪。

(二)关于能否适用以危险方法危害公共安全罪的问题

刑法第一百一十四条、第一百一十五条对以危险方法危害公共安全罪作了规定，其中的"其他危险方法"一直难以界定。笔者认为，关于相关醉驾行为能否构成以危险方法危害公共安全罪，首先必须确定醉驾等危险驾驶行为是否属于以危险方法危害公共安全罪中的"其他危险方法"。如果认为醉驾等危险驾驶行为都属于该罪的"其他危险方法"，根据刑法修正案(八)增设危险驾驶罪时"有前款行为，同时构成其他犯罪的，依照处罚较重的规定定罪处罚"的规定，显然可得出醉驾等危险驾驶行为最终将以重罪即以危险方法危害公共安全罪处罚的不合理结论。

那么，"其他危险方法"中是否包括醉驾等危险驾驶行为呢？答案是肯定的。刑法修正案(八)的立法目是将具有极大潜在致害性的醉酒驾驶和追逐竞驶行为纳入刑法予以规制，并非为限制危害公共安全罪的适用。醉驾等危险驾驶行为导致危害公共安全罪所要求的具体危险情形是不难想象的，如在能见度低且车辆、行人较多的时段追逐竞驶的，或者醉酒后故意在行人和车辆均较多的时段高速驾驶的，故意长时间在车辆和行人较多的时段逆向行驶的或在高速公路上逆向追逐竞驶的，[①]都具有极大的潜在致害性，即致害可能性极大、结果巨大，可能产生与危害公共安全罪中放火、决水、爆炸、投放危险物质行为相当、类似的公共危险。

本案中，综合朱某某血液乙醇浓度以及其醉酒后意识不清，无法找到长期生活的小区出口，并先后撞击两辆车等情况，可以看出朱某某的醉酒程度非常严重，已经无法有效控制车辆。同时，小区内部空间是居民生活休闲的重要公共场所，朱某某在人员密集的小区严重醉酒驾车，其行为已严重危害到了小区内不特定多数人的生命安全，造成的危险与在小区内以放火、投放危险物质等方法危害居民的危险性相当，达到了以危险方法危害公共安全罪所要求的严重程度，可以适用该罪。但是，考虑到其醉驾行为无实害后果、犯罪情节较轻等情况，在量刑上应从轻处罚，以达到罪责刑相一致。

---

① 张明楷：《危险驾驶的刑事责任》，载《吉林大学社会科学学报》2009年第6辑。

庭审实质化背景下示证质证问题探析

任红梅*

"以审判为中心"最核心的一项内容就是要求庭审实质化，即要求"诉讼证据质证在法庭、案件事实查明在法庭、诉讼意见发表在法庭、裁判理由形成在法庭"。那么，在庭审过程中如何合理有效示证、质证，以最大限度地实现庭审实质化目标？笔者结合检察工作实践，仅作粗浅探析。

一、庭前证据审查运用与庭审证据运用的三个区别

庭前审查时对证据的运用与庭审中有一定区别，主要体现在三个方面：

第一，运用方向不同。庭前对证据的审查运用多数是单向的，庭审对证据的运用则是双向的。根据相关法律规定，审查起诉阶段公诉人应当听取辩护人的意见。实践中，一些辩护人在审查起诉阶段没有提出辩护意见，另一些辩护人则会就证据和事实提出口头或书面意见。但这些意见主要是作为公诉人审查案件的参考，公诉人一般不需要立即作出回应。而庭审中对证据的运用完全是双向的，控辩双方的对抗性较强。同时，有些公诉人庭审中侧重出示有利指控的相关证据，容易忽视一些有利于被告人的证据。当公诉人没有出示时，辩护人就会补充出示。此时，公诉人就需要对证据取舍的理由当庭作出合理解释。

第二，逻辑思维不同。庭前对证据的审查运用侧重于归纳逻辑思维，庭审对证据的运用侧重于演绎逻辑思维。具体而言，庭前的审查起诉过程中，公诉人需要从众多零散的证据中逐个审查、依次取舍直至最后进行综合判断，是一个从完全不了解案件到逐渐熟悉证据、总结案件事实的过程。而庭审中对证据的运用则是在已经形成起诉书这一结论性事实的基础上，由公诉人在法庭运用证据论证起诉书指控的事实。在论证过程中，不仅要尽可能说服法官支持控方的主张，还需要经过特定的质证和辩论程序。而被告人的理解能力、文化水平千差万别，公诉人的举证还需要考虑如何让被告人能够充分理解证据内容以及证明对象，被告人才有可能提出实质性意见。

第三，具体方式不同。从具体运用方式看，庭前侧重于以书面文字的方式运用证据，庭审则侧重于以口头表达的方式运用证据。然而，庭审的运用并不是机械地照搬审查报告，公诉人不仅要关注有哪些证据、证据内容，还需要合理、有效地表达出来，让庭审参与者借此认识证据、了解案情、作出判断。

★ 任红梅，河南省方城县人民检察院检察委员会专职委员。

二、运用证据出庭公诉的两个目标

出庭公诉中对证据的运用具有两个基本目标：法律效果和庭审效果。

所谓法律效果，是指庭审应当围绕起诉书指控的事实展开，围绕有利于认定案件事实、便于厘清案件法律关系展开。要实现良好的法律效果，就需要依据相关法律规定进行示证、质证，围绕是否具备证据"三性"、是否符合犯罪构成要件、是否有相应的从重从轻量刑情节等方面展开示证。

所谓庭审效果，是指出庭公诉的过程中，如何以看得见的方式来论证案件事实，如何让庭审的所有参与者包括辩方尤其是被告人以及旁听群众"听得懂"示证过程、"看明白"庭审经过。因此，庭审举证时就需要特别关注如何科学地进行证据分类、合理地安排举证顺序，如何有针对性地出示证据。尤其是庭审中应当让被告人有充分质证的机会和可能。在被告人认罪案件中，公诉人可以大批量地简略示证。而在被告人不认罪案件中，如果仍然在大批量举证之后再进行质证，被告人常常无法"消化"证据的内容，对证据的质证就更无从谈起。

三、庭审示证质证的四个维度

在示证、质证过程中，从以下四个方面合理展开，有利于实现庭审的上述两个目标。

（一）合理的证据组合

庭审中公诉人的基本目标是运用证据证明事实。首先要对事实进行合理分类，为举证示证奠定基础。若证据组合不当，逻辑性差，思路不清，即使认定案件事实的证据再确实、充分，都难以取得良好的庭审效果。

1. 证据分组的基本步骤。首先，合理分解案件事实。尤其是涉及多人多起多罪名的案件，合理分解案件事实更为重要。其次，合理分类组合证据。我国刑事诉讼法列举了8种法定证据，庭审中应避免机械地按照8种证据进行分类组合，而应将有利于认定同一具体事实的证据组合在一起，以突出证据之间的关联性。例如，当言辞证据的内容较多、信息量较大，同时能证明数个构成要件事实时，可以对该份证据进行拆解，与其他相关联的证据组合展示。最后，合理安排出示顺序。这包括两个方面：一是宏观上的证据排序；二是微观上的证据排序。可以考虑以下几方面因素进行合理排序：一是将涉及案件主要事实的证据排在前，便于突出庭审焦点；二是涉及案件基础事实或者事实争议较小的证据排在前，为后续解决主要事实奠定基础。

2. 证据分组的具体方法。证据分组有许多具体方法，司法实践中常见的方法有：按犯罪构成要件进行分组，如职务犯罪案件；按时间发展顺序分组，如抢劫、故意杀人案件；按主次关系分组，如窝藏案件。在具体案件中，究竟采用何种方法对证据进行分组，应当遵守以下几个基本要求：第一，分组应突出重点难点争议焦点。第二，分组应遵循逻辑和经验判断。第三，分组应以具体案件的综合运用为基础。例如，在受贿犯罪案件中，可以先按犯罪构成要件分解成犯罪主体的证据、被告人谋利的证据和收受财物的证据；而在收受财物的证据中，又可以按照具体事实分解成收受不同行贿人财物的多组证据。

（二）有效的信息提炼

庭审效率是必须考虑的问题，信息提炼很重要。在庞杂的证据材料中，可以提炼的内容很多，但总体上可以分成两大块：一是程序性信息；二是实体性信息。需要指出的是，起诉之前形成的审查报告中已经对证据进行过一定的分组，对证据内容进行了必要的提炼。但庭前审查报告中展示的证据信息与庭审中示证质证时所要传达的证据信息又有一定区别。庭前审查报告要求对证据信息进行比较全面、详细的提炼。而庭审更强调效率，侧重于提炼那些便于查清案件事实、与事实有明确关联的内容，对证据中一些次要的、细枝末节的内容，需要区别对待、有所取舍。

（三）通俗的证据表达

只有将证据承载的信息以恰当的方式、通俗的语言表达出来，才能让公诉人以外的庭审参与人员更好地理解证据内容。具体而言，庭审中表达证据主要方式有以下几种：

1.宣读。这是传统举证方式中最主要的表达方式。庭上宣读证据有两种基本方式：一是原文宣读，二是概括宣读。原文宣读的优点在于尊重证据原貌，有利于展示证据的细节内容；缺点在于证据的原文往往冗长，原文直接宣读不易突出证据的关联性。概括宣读则简洁明了，便于强调证据重点内容；不足之处在于容易断章取义、曲解原文。庭审中使用哪一种方式宣读，要结合具体案情，不能一概而论。

2.展示。即庭审中在法庭主持下，将相关证据交由被告人进行识别、辨认。如果说宣读证据主要是由公诉人主导进行，被告人被动接受，那么展示则是由被告人对证据直接近距离接触、辨别，更加直观，便于当事人提出更有针对性的质证意见。

3.多媒体示证。近年来，多媒体示证的方式得到越来越广泛的应用。多媒体示证的优势在于可以改变诉讼参与人只能听不能看的状况，使法庭内的每一个人都能清楚地看到证据的细节。实际庭审中，可以根据不同情况运用多媒体进行示证。但其缺点在于庭前往往需要耗费大量人力物力进行准备，对法庭的技术设备也有较高要求，司法成本较高。

4.询（讯）问。即庭审中，由法庭通知相关证人、被害人、鉴定人、侦查人员、有专门知识的人出庭，直接接受控辩双方交叉询问。相比较而言，在法庭讯问阶段时的"讯问"比较单一，很难结合证据进行讯问，而在举证阶段，结合已经出示的证据来"讯问"被告人，有更强的针对性。

（四）恰当的举证节奏

司法实践中，有的公诉人举证节奏过快，或者举证的内容过于简略，被告人无从了解证据的内容，难以提出有效的质证意见。因此，恰当把握举证质证节奏，是庭审运用证据过程中的重要一环。具体应当考虑以下两方面因素：首先是被告人因素。一是被告人自身的认知能力、文化水平。如果其文化水平较高，理解能力较好，可以适当加快举证节奏；反之，则应放慢节奏。二是被告人的认罪程度。如果被告人完全认罪或者大部分认罪，则可以加快举证节奏；反之则应放慢节奏。其次是案件因素。举证应当围绕案件重点事实和争议事实展开。在把握举证节奏上，对于没有争议且不是重点事实对应的证据，可以加快举证节奏；对于重点事实或争议较大的事实对应的证据，则应当减缓举证节奏，给辩方尤其是被告人以充分质证的机会，同时方便控方对辩方的质证进行答辩，提高庭审效果。

利用"支付宝"二次侵财犯罪定性研究

刘嘉亮*

随着电子支付的普及，使用手机购物、手机扫描支付已成为人们日常交易的常态。但在为人们带来生活便利的同时，这一交易模式也带来了新的社会问题——不法分子在窃取手机后，利用被盗手机内支付宝、微信等软件的支付功能，二次侵犯他人财物的犯罪愈发频繁。由于法律规定具有一定滞后性，加之上述软件的专业性，对这种二次侵财行为如何定性，不但理论界众说纷纭，从目前已有判例也可以看出实务界亦存在不同认识。鉴于支付宝更强的金融属性，笔者仅以支付宝为例，结合软件功能，试分析此类型电子支付蕴含的法律属性。

一、支付宝的基本框架解构

2003年，支付宝作为淘宝网旗下的居间支付服务进入人们的视野。如今支付宝已成为以支付为主，集合各类辅助程序和整合第三方合作公司的综合软件，可通过下图对支付宝的业务结构进行大致了解。

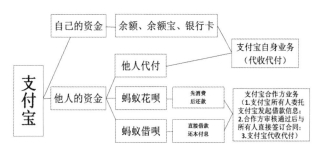

可见，支付宝功能分为两大类：（1）自身能够开展的业务——网络代收代付；（2）根据规定，自身不能开展，由第三方提供的业务——目前主要为贷款服务（先花后还或直接借贷现金）。实践中操作支付宝时进出资金的所有权性质，可以简单地分为两大类：自己的资金（包含支付宝内余额、余额宝、已经绑定的本人储蓄卡或信用卡）和他人的资金（他人代付、蚂蚁花呗、蚂蚁借呗）。

因此，对于以支付宝作为犯罪对象的犯罪，应当按照行为人使用支付宝的不同功能，以及支付宝资金所有权性质，进行区别分析，方能真正厘清行为人的犯罪手段以及犯罪对象，正确认定行为人的罪名。

★ 刘嘉亮，西安铁路运输检察院公诉科副科长。

二、支付宝自身业务——针对代收代付情形下的犯罪探析

（一）针对被害人支付宝内自有资金进行的犯罪

由于支付宝的实质是代收代付机构，其本身并不具备现金存取功能，因此，不论是支付宝内的余额、作为理财产品的余额宝，还是支付宝账户所有者绑定的名下银行卡，其资金的所有权人都是该支付宝账户所有者，只不过是支付宝在发出资金调拨指令时，所针对的保管资金机构略有不同。

那么，针对上述不同资金保管机构，是否有必要深层次细化犯罪对象以及侵犯的法益？笔者持否定态度。

首先，不论是支付宝余额、余额宝，还是绑定的银行卡，就支付宝调拨资金的方式而言，均是采用同一方式进行的：支付宝账户所有者发出支付指令——选择支付渠道（仅围绕上述三种方式讨论）——验证支付宝支付密码——支付宝向上述资金保管机构直接发出调拨指令——支付成功。在这一资金调拨行为中，不论资金存管于哪一机构，均是统一按照支付宝发出的指令完成资金支出，而不再单独验证转账行为。因此，在上述整个行为中，既不存在支付宝发出指令错误，也不存在保管机构对调拨行为本身认识错误。第三人冒充支付宝账户所有者时，其只要输入正确的支付宝支付密码，并使用了余额、余额宝、绑定的银行卡内的资金，就已经完成了侵犯财产所有权的整个行为，这实际上与盗窃他人银行卡并使用、盗窃他人钱包并使用现金是完全相同的，是盗窃行为的延伸，故应当直接以盗窃罪论。

其次，也不能简单地将使用支付宝在此时视为使用银行卡的延伸，而直接套用刑法第一百九十六条的信用卡诈骗罪定罪处罚。从该条款中的四项犯罪行为来看，第一、二项不可能出现于利用支付宝犯罪的情况中，而第三人使用他人支付宝绑定的银行卡支付这一犯罪手段，与第三项规定的"冒用他人信用卡"非常接近，并且更加近似最高法、最高检《关于办理妨害信用卡管理刑事案件具体应用法律若干问题的解释》第五条第二款第（三）项的规定，即"窃取、收买、骗取或者以其他非法方式获取他人信用卡信息资料，并通过互联网、通讯终端等使用"的情形。但通过之前对支付宝支付行为的分析，加之信用卡诈骗罪侵犯客体的特殊性，可以看到：该罪名侵犯的是信用卡管理秩序和公私财物所有权双重客体，但就银行卡管理机构而言，支付宝公司有且只有一家，调拨绑定的银行卡内资金的拨付指令是由支付宝公司发出，而并非由支付宝账户所有者直接对银行发出。换言之，只要是由真正的支付宝公司发出的真实指令，银行就应当按照双方协议及时进行资金调拨，在这一过程中，信用卡管理秩序并未被侵犯，真正受到侵犯的是支付宝账户所有者对本人财产的支配与处分权能，是单纯的侵犯公私财物所有权的体现。另外，司法解释中以非法方式获取他人信用卡信息资料这一情形，在支付宝软件内也无从实现，因为在银行卡绑定操作结束之后，打开软件相关界面，仅能看到该银行卡的发卡行与卡号末四位信息，本人信用卡其余信息资料均无法通过支付宝软件获取，故也不符合上述司法解释规定的"冒用他人信用卡"的行为。

最后，在阐述清楚支付宝的支付行为，以及其与冒用他人银行卡犯罪的不同后，笔者试用更加通俗的语言对该论点进行总结：行为人使用支付宝内自有资金时，实质上就是"电子钱

包"功能的体现，其与传统意义上带有拉链或锁头的实物钱包类似，此时使用者只要拉开拉链或者打开锁头，就可以对里面的现金和银行卡进行收纳、存款或支付，而支付宝只不过延伸了收款支付的空间和距离，实物锁头也换成了支付密码。但犯罪行为人的行为未使支付宝软件发生错误认识和错误支付，也未使支付宝公司造成财产损失或使银行陷入对支付宝公司的错误认识。因此，犯罪行为人将被害人自有资金进行非法占有时，可以认定其以支付宝为工具，采用秘密窃取手段，将被害人财物据为己有，应当认定为盗窃罪。

（二）利用支付宝对他人的资金进行的犯罪

除了将账户所有人自有资金进行划拨外，支付宝还可以由账户所有人发起要求他人代为支付的指令请求。应当明确的是，犯罪行为人使用手机原所有者支付宝功能，侵犯他人的资金时，由于犯罪对象已转变，故原手机所有者此时并不是刑法意义上的受害人。就他人代付功能而言，支付宝仅进行系统通知，是否付款由代付者最终决定，这种代付不是因支付宝的划拨指令来完成交易，而是基于对发起方的人格信赖。如果手机的非法占有人发出了代付指令，对方误以为是手机原所有者的代付请求而付款，代付人财产受到损失，完全符合诈骗罪的犯罪构成。

三、支付宝合作业务——针对第三方贷款服务犯罪分析

根据《非银行支付机构网络支付业务管理办法》的规定，支付宝公司不得经营或者变相经营证券、保险、信贷、融资、理财、担保、信托、货币兑换、现金存取等业务。因此就聚合在支付宝软件内的蚂蚁花呗、蚂蚁借呗（二者系蚂蚁金服旗下两家小额贷款公司推出的商户购物信贷服务和个人消费借贷服务）而言，支付宝此刻仅作为中介方传递消息，促成手机账户所有人与上述贷款公司进行合意，上述两个公司完全拥有是否发放贷款的自主决定权，其同意放贷是基于对账户所有人资料的信任。此时应当研究的是，犯罪行为人针对蚂蚁花呗、蚂蚁借呗形成的欺诈行为，如何定性的问题。

（一）蚂蚁花呗、蚂蚁借呗业务行为界定与辨析

蚂蚁花呗业务与信用卡消费方式类似，即先无息消费，记账日计算消费总额，还款日统一支付欠款。而蚂蚁借呗业务则与银行放贷业务相同，即先取得贷款，同时按照等额本息或等额本金形式，约定每月固定日期分期偿还贷款。

从某种意义来讲，支付宝使用者以信用卡的电子支付功能支付，与以蚂蚁花呗支付，都是按先消费、后还款的模式进行，但二者在我国刑法中的定位不同——刑法并未区分储蓄卡与信用卡的不同，因此在刑法层面，依照法律拟制按照同一对象对待；而使用蚂蚁花呗时，支付宝本身仅是促成双方的合意，由小额贷款公司提供消费贷款，由于此类公司本身不具有从事银行卡业务的资质，因此对其进行的犯罪，不涉及信用卡诈骗这一罪名。

故在这一情形下，行为人占有蚂蚁花呗、蚂蚁借呗的贷款的行为实际上是趋于一致的，即在非法占有贷款后，到期无还款意思表示，并恶意对小额贷款公司资金进行侵犯。那么，小额贷款公司本身的属性，就成了对行为人犯罪定性的关键。

（二）小额贷款公司属性探析

1.对照业务进行属性分析。根据2008年《中国银行业监督管理委员会、中国人民银行关

于小额贷款公司试点的指导意见》（以下简称《指导意见》）第一条第一款以及2015年修订的商业银行法第二条的规定，小额贷款公司与商业银行在公司性质、业务范围上均有重合之处。由于商业银行系金融机构，那么除业务上的重合外，如能进一步证实小额贷款公司的设立要求、监督管理模式与商业银行存在一致性，则可进一步明确小额贷款公司具有金融机构属性。

2.结合规定进行属性分析。首先，根据2006年修订的银行业监督管理法第二条第三款的规定，非银行金融机构的设立可以由中国银行业监督管理委员会批准。而根据中国银行业监督管理委员会、中国人民银行共同制定发布的《指导意见》第二条第四款的规定，小额贷款公司虽然不是由中国银行业监督管理委员会直接批准设立，但仍然受其监管。其次，在2009年《中国人民银行关于印发〈金融机构编码规范〉的通知》的"3.32 小额贷款公司"部分，再次明确了这类公司的定义，与2008年发布的《指导意见》中"由自然人、企业法人或其他社会组织依法设立，不吸收公众存款，经营小额贷款业务的有限责任公司或股份有限公司"的行文完全一致。同时，该通知在"5 编码的结构和表示形式"中的"5.1.2 金融机构二级分类码"部分，给予小额贷款公司编码为"Z-其他"项下的"1-小额贷款公司"。由此，可以明确认定，中国人民银行已将小额贷款公司纳入金融机构管理范畴内。最后，通过对中国人民银行关于2009年、2010年、2011年、2012年中资金融机构金融统计制度有关事项的通知的对照，其更在2010年的通知中首次对小额贷款公司的金融机构属性给予明确，通知原文："境内其他金融机构：除上述机构之外的其他金融机构。包括小额贷款公司等金融机构。"

3.参照已有案例进行属性分析。2014年出版的《刑事审判参考》总第97期刊登了"江树昌骗取贷款案［第962号］——骗取小额贷款公司贷款的行为是否构成骗取贷款罪"。该案阐述并肯定了小额贷款公司系依法设立的经营小额贷款金融业务的其他非银行金融机构，并对骗取小额贷款公司的贷款行为可以构成骗取贷款罪予以肯定。

综上，如行为人在非法占有原支付宝账户所有者的手机之后，以非法占有为目的，冒用原支付宝账户所有者的个人信息骗取贷款，且蚂蚁花呗、蚂蚁借呗通过了审核并发放了贷款，实质上已构成贷款诈骗行为的既遂，只要金额达到该罪立案标准，就应当以贷款诈骗罪追究不法行为人的刑事责任。

四、谁负责？谁买单？——对被害方的拓展分析

对犯罪定性的讨论终结，不代表民事法律关系的结束——因盗窃行为或诈骗行为受到财产损失的被害人当然可以要求犯罪行为人赔偿财产损失。而当蚂蚁花呗、蚂蚁借呗成为被害方时，至少还有两点值得探讨：一是其应当向谁主张债权？二是以贷款诈骗罪入罪，是否门槛设置过高，不利于对被害方的保护？

（一）以民法公平原则为指引

就民事债权债务关系而言，目前我国民事方面的判例，在银行卡、支付宝、微信被盗使用或者盗刷之后，虽然各地法院判决情况不一，但越来越多的法官倾向于以民法公平原则断案，而非一律要求账户所有者承担责任。同时，从《非银行支付机构网络支付业务管理办法》第十条第（二）项、第十九条第一款的规定看，国家对如蚂蚁花呗、蚂蚁借呗等金融机构、支付机构均采取

了严格责任，要求其无条件先行赔付客户的条款逐渐增多。从支付宝协议、蚂蚁花呗合同、蚂蚁借呗合同的相关条款规定也可以看出，虽然其均要求客户自行承担被盗风险，但只要及时对其进行通知，则均可得以赔付。上述机构均将赔偿责任指向冒用者，也足以说明，在他人冒用支付宝账户所有者进行操作时产生的债权债务，债权方更倾向于对冒用者进行直接追责。

（二）以刑法罪刑法定原则为尺度

虽然从金额上而言，贷款诈骗罪的立案起点远高于盗窃罪，可能造成刑法失衡，不利于惩罚犯罪、保护企业资金安全。但笔者认为，不同于一般的自然人被害人，贷款诈骗罪的犯罪对象是金融机构，其应当不断提高自身风险控制能力，防范自身损失。毕竟小额贷款公司的设立主要是为了追求利润，其能够聚合于支付宝，相较其他同类公司已经取得了不可比拟的竞争优势，若过于追求便捷性，盲目鼓励进行借贷操作而只进行形式要件的审核，本身就存在巨大风险。2017年P2P网络借贷风险专项整治工作领导小组办公室印发的《关于印发小额贷款公司网络小额贷款业务风险专项整治实施方案的通知》中，也进一步明确了网络小额贷款业务存在的风险以及防控措施。而2018年大量涌现出的P2P金融"暴雷"潮，正是互联网小额贷款业务因不遵守相关法律法规、盲目扩张市场，从而导致高风险集中爆发的最好印证。只有正确厘清不同犯罪行为和犯罪对象之间的关系，慎重区别违法与犯罪的尺度，才是刑法原则的最好体现。

第三方支付中涉互联网支付犯罪问题研究[*]

陈龙鑫[**]

随着支付方式的革命性发展，第三方支付中的涉互联网支付已经成为人们最主要的支付方式，但在其飞速发展的同时，亦存在潜在的风险，特别是刑事风险。犯罪分子往往利用网络技术和法律监管的漏洞进行盗窃、诈骗、洗钱、信用卡套现等犯罪活动，不仅损害了第三方涉互联网支付平台用户的合法权益，也影响到电子商务行业和金融行业的稳定与发展。因此，有必要加强对第三方支付中涉互联网支付犯罪现状、特点及风险的研究，以提出预防犯罪的对策和建议。

一、第三方支付中涉互联网支付犯罪的概念

涉互联网支付是借助互联网实现货币资金转移结算业务的多种支付方式的统称，既包括网银支付，也包括第三方支付中的涉互联网支付。网银支付是国内电子商务领域起步较早、发展较为成熟的一种支付方式，用户只要将银行卡事先开通网银支付功能，在交易时即可直接通过登录网上银行完成即时到账交易。第三方支付中的涉互联网支付是指具备一定实力和信誉保障的独立机构，采用与各大银行签约的方式，通过与银行支付结算系统接口对接而促成交易双方进行交易的支付模式。[①]从本质来看，网银支付是由银行直接结算；第三方支付中的涉互联网支付则是由第三方平台作为支付中介来促成银行结算，其具体运行包含两种模式：一种是支付通道服务模式，即第三方支付平台将多种银行支付方式整合到一个界面之上，其充当交易各方与银行的接口，负责交易结算中与银行对接；另一种是支付信用中介模式，用户在平台上设立可交易结算的虚拟账户，第三方支付平台充当交易的信用中介，暂时保管付款方支付的交易钱款，待虚拟账户双方交易完成后再将钱款转入收款方。由于第三方支付为网络交易提供了独立的安全保障，因此在互联网购物等电子商务中受到广泛应用，随之也带来了相关的违法犯罪问题。

第三方支付中涉互联网支付犯罪的概念可以从两个层面来理解。从广义层面来看，其包括所有与第三方涉互联网支付平台相关的犯罪，即行为人利用支付平台存在的漏洞及监管不力的情况实施的一切犯罪行为，既包括与支付环节相关的各类犯罪，如虚构交易诱骗他人点击虚假链接付款、偷换商家二维码非法取财、利用支付平台洗钱等；也包括与支付平台相关但与具体

---

[*] 本文系国家检察官学院2018年度科研基金资助项目"涉互联网支付案例研究"（编号：GJY2018C12）的阶段性研究成果。
[**] 陈龙鑫，上海市松江区人民检察院检察六部副主任。
[①] 参见百度百科"第三方支付"。本文主要研究第三方支付中的涉互联网类支付方式，不包括预付卡类支付方式。

支付环节无关或关联度不大的各类犯罪，如侵占或挪用平台内沉淀资金、非法获取平台内用户个人信息等。从狭义层面来看，其仅指与支付环节相关的，利用支付平台存在的漏洞及监管不力的情况实施的犯罪行为。由于支付环节可能涉及行为人、支付平台、银行、商家、用户等多方法律关系，特别是在支付平台属于非金融机构的情况下，行为人实施的违法犯罪行为往往会存在法律适用方面的争议，给案件办理带来了一定的挑战。

二、第三方支付中涉互联网支付犯罪的特征

（一）主体相对年轻化、专业化

第三方涉互联网支付是现代科学技术特别是互联网技术在经济领域运用的产物。虽然当前互联网的普及度很高，但不容否认，在接触互联网的人群中，年轻人占主要比重。相对于传统现金交易环节发生的各类违法犯罪，第三方支付中涉互联网支付犯罪行为人首先要对互联网方面的知识有一定的掌握，能够熟练运用涉互联网支付平台进行交易；其次，还要对相关金融知识有一定的了解，知晓银行卡绑定、资金流转的具体流程及操作方式。上述因素决定了第三方支付中涉互联网支付犯罪并非所有人都能够实施，其犯罪主体相对于传统犯罪呈现年轻化、专业化的发展趋势。

（二）行为方式呈现多样化

近年来，随着第三方涉互联网支付的产品创新与技术发展，新类型的支付服务也随之涌现：从线上支付服务发展到二维码扫码的线下支付服务；从单纯的互联网支付业务发展到蚂蚁花呗、京东白条等互联网消费金融业务等。与新类型支付服务伴随而生，第三方支付中涉互联网支付犯罪的行为方式也呈现多样化：既有盗窃手机后登录他人平台账户直接转账的，也有登录他人平台账户申请信用贷款后再转账的；既有植入计算机程序窃取他人财物的，也有虚构交易诱骗他人点击虚假链接付款的；既有将本人平台账户绑定他人信用卡进行消费的，也有盗窃手机后使用他人平台账户消费的，等等。几乎每一种新型支付服务的出现，都会产生与之相关的多种方式的违法犯罪活动。

（三）涉及范围具有广泛性

借助于互联网，第三方支付平台能够向全国乃至全球各地迅速扩散，交易的便捷性、效率性和开放性使其涉互联网支付的覆盖面日益扩大，特别是手机移动支付，已经成为当前国内主要的支付方式。由于第三方涉互联网支付几乎覆盖了所有人群、所有行业，加之之网络犯罪的非接触性、时空隔离性，导致第三方支付中涉互联网支付犯罪越来越被犯罪者"青睐"。而此类犯罪一旦发生，很可能出现行为地与结果地不一致、受害人数众多甚至引发系统性风险等问题，给公安司法机关办理此类案件带来巨大的挑战。

（四）犯罪行为多具隐蔽性

与传统现金交易不同，第三方涉互联网支付并不要求面对面交易，交易双方主要通过电子数据和程序进行交流，双方所处地域可能不同，行为人的身份也可能虚拟，这就为违法犯罪提供了可乘之机。基于第三方支付等金融创新产品的复杂性、计算机网络技术的专业性以及涉互联网支付本身所具有的虚拟性和跨时空性，导致第三方支付中涉互联网支付犯罪极具隐蔽性，

被害人往往无法及时察觉，犯罪证据亦容易转移或毁灭，侦查取证难度较大。

三、第三方支付中涉互联网支付易引发的刑事风险

（一）公民财产被侵犯的刑事风险

侵财类犯罪是当前第三方涉互联网支付领域较为多发、占主要比重的一类犯罪。由于第三方涉互联网支付具有虚拟性、非接触性、瞬时性等特征，加之当前第三方涉互联网支付的普及性，侵财类犯罪容易成为第三方支付中涉互联网支付犯罪的首选方式。行为人可能通过假冒网站、植入木马等非法手段或其他方式获取他人的平台账户、密码，然后登录平台账户转账或消费，也可能非法登录他人平台账户后，使用信用贷消费或申请贷款后转账；行为人可能虚构可供交易的商品或服务，欺骗他人扫描二维码付款，也可能将商家的收款二维码偷换成自己制作的二维码来非法取财，等等。

（二）洗钱及非法套现的刑事风险

由于第三方涉互联网支付平台对用户的身份注册审查不是十分严格，在反洗钱方面也不如银行等金融机构要求严格，因此容易成为违法犯罪分子洗钱的渠道。以支付信用中介模式为例，一种类型是买卖双方串通或洗钱者同时伪装成买卖双方，在电子商务平台上虚构交易；另一种类型是洗钱者购买手机充值卡等易变现的虚拟物品，并在电子商务平台上售卖给他人，买方通过支付平台将钱款转至洗钱者指定账户，从而达到掩盖非法资金来源、性质的目的。如崔某某洗钱案，其用30余万元赃款购买京东礼品卡和移动充值卡后，再转卖给淘宝上的收卡人，并要求将售卖款项打入指定账户从而达到洗钱目的。[1]除此之外，第三方涉互联网支付还可能引发非法套现的风险，买卖双方通过上述虚构交易的方式，亦可实现刷卡套现。

（三）公民个人信息被侵犯的刑事风险

第三方涉互联网支付操作中，无论是消费者还是经营者都要将真实姓名、证件号码、联系电话、地址等信息提供给支付平台，支付平台还可能根据用户支付记录生成消费偏好信息。海量的用户信息在管理过程中存在种种隐患，如果信息被盗窃、出售或非法透露，则可能构成侵犯公民个人信息犯罪。司法实践中，此类犯罪的行为手段多种多样，侵犯公民个人信息的目的也各不相同，有些是用于倒卖，有些是用于进一步实施侵财类犯罪，有些是用于刷单或拓展客户等。如李某出售公民个人信息案，李某利用其在支付宝公司工作的职务便利，从支付宝系统后台下载用户信息后予以出售，获利近16万元。[2]又如在另一起案件中，被告人李某通过聊天工具联系需要修改中差评的淘宝卖家，并从被告人黄某处购买相关淘宝买家信息，冒用淘宝买家身份骗取淘宝账号、密码并重置后，非法登录淘宝评价系统删除、修改中差评三百余个，获利9万余元。[3]

---

[1] 参见（2013）雨刑二初字第30号。
[2] 参见（2015）杭西刑初字第722号。
[3] 参见（2015）浙杭刑终字第311号。

（四）非法经营的刑事风险

涉互联网支付中占重要比重的是第三方支付，也即非金融机构支付。根据2010年中国人民银行《非金融机构支付服务管理办法》的规定，当前我国第三方支付采取的是经营许可制度，只有获得中国人民银行颁发的许可证才能开展第三方支付业务，而且必须在规定的范围内进行营业。由于实行经营许可制度，一旦出现未经批准非法从事资金支付结算业务，或者未按规定、超出经营范围开展业务的，就有可能触犯刑事法律规定，构成非法经营罪。

四、第三方支付中涉互联网支付犯罪的预防对策

（一）健全制度层面的保障机制

一是从立法层面来看，有必要结合互联网金融的发展态势及立法缺失进一步完善相关领域的法律法规，针对司法实践中的疑难复杂问题及时出台司法解释，健全完善相关监管制度。例如，明确第三方涉互联网支付的法律效力，第三方涉互联网支付行为和衍生的相关产品的法律地位，以及管辖权问题；细化非金融机构的反洗钱义务，健全反洗钱的惩处机制；构建第三方涉互联网支付平台的分级监管模式，确立分类监管指标体系，实施动态分类管理。①二是从社会层面来看，有必要进一步健全完善社会信用体系。第三方涉互联网支付的虚拟性对社会信用有较高要求，但当前我国的社会信用体系相对于超前发展的第三方涉互联网支付产业而言还具有较大的滞后性。用户承担相较于银行卡等支付手段更低的信用风险，是第三方支付中涉互联网支付犯罪特别是非法套现、洗钱、贷款诈骗、非法经营等类型犯罪的重要原因之一。因此，应进一步完善社会信用体系建设，加强政府与市场之间的信用信息共享，以及第三方涉互联网支付平台与银行等金融机构之间的信用信息交流互通，从而加大第三方支付中涉互联网支付犯罪的违法成本，净化涉互联网支付市场风气。

（二）加强技术层面的防控管理

第三方支付中涉互联网支付犯罪是互联网技术和金融业发展的产物，必须借助科技手段和大数据理念来提升防控效果。一是从第三方涉互联网支付系统层面来看，要促进网络系统安全防护技术的研发，重点加强事前防护，主要通过采取高新网络技术如物理安全、访问控制、防火墙构筑、安全接口等方式来实现，②第三方涉互联网支付平台自身应重视研发提高安全系数的手段与措施，保证用户资金安全。二是从第三方涉互联网支付技术操作层面来看，要在实现易操作性的前提下加强对支付保密技术的研发，如数字签名、电子口令、用户身份认定等；加大人脸识别技术、身份关联技术研发，以查询用户身份真伪；加大数据共享、数据挖掘与分析技术研发，推动第三方涉互联网支付平台之间、第三方涉互联网支付平台与中国人民银行之间的数据共享，注重对大额、频繁交易数据的挖掘分析；设置安全警示、每日消费上限，并加大对异常支付情况自动识别反馈技术的研发。三是加强公安机关与第三方涉互联网支付平台的密切沟通、联系，实现优势互补，并推动设立公安技术部门与第三方涉互联网支付平台的信息共

---

① 张泽辰：《第三方支付的刑事风险与防控措施》，载《犯罪研究》2017年第3期。
② 严美姬：《跨境电商零售背景下小额在线支付方式比较及风险研究》，载《国际商务财会》2017年第2期。

享接口，破解数据信息共享难题。

（三）提高个体层面的防范意识

当前第三方支付中涉互联网支付犯罪主要集中于侵财类案件，强化平台用户的防范意识是预防犯罪的有效途径。一方面，支付平台、政府监管部门、行业协会、公安司法机关等应加强对相关犯罪的防范宣传，教授安全支付知识、揭露多种作案手段、发布典型案例等，以提高平台用户的识别能力、抗风险能力。另一方面，平台用户自身要养成良好习惯，以提高支付的安全性。一是提升手机、电脑的保密安全等级，将开机密码以及支付平台的登录密码、支付密码修改为不易猜到或破解的"强口令"，或可使用保密性相对较强的指纹识别、脸部扫描等作为解锁方式。二是注重对个人信息的保护。尽量不在手机、电脑等终端保存银行卡、身份证、账户名及密码等个人信息，不向外透露账户、密码、验证码等信息，及时删除相关信息、图片、聊天记录，定期查杀病毒。三是提高支付环节的防范意识。扫描二维码前注意核查其安全性，不点击来源不明的网络链接，遇到付款成功后仍显示等待付款的应提高警惕。四是遇到异常情况及时处理。发现手机、身份证件、银行卡丢失或平台账户异常等情况，立即采取挂失、修改账户密码、冻结绑定账户等措施，一旦确认财产受到侵犯，及时向公安机关报案，最大限度地减少财产损失。

羁押抵刑的刑期计算研究

陈宇华　吴燕燕　严文君★

刑期折抵通常是指，审判机关对判决前因法定事由被剥夺人身自由的人，在确定其刑期时，应依法律规定的计算方式，按照其先行被剥夺自由的时间对总刑期进行折算的制度。我国对刑期折抵的法律规定散见于刑法、司法解释和最高人民法院的规定、答复中，目前虽已多达70余条，但由于实务中刑期计算的具体操作十分复杂，且不同人对法律规定的理解不同，导致折抵刑期的刑期计算尚存不少争议。

一、实务中发现的几类争议问题

（一）对刑期折抵计量单位的分歧

以有期徒刑的羁押抵刑为例，刑法第四十七条规定："有期徒刑的刑期，从判决执行之日起计算；判决执行以前先行羁押的，羁押一日折抵刑期一日。"该法条在文义上十分明晰，即先行羁押多少天，就应折抵有期徒刑多少天，折抵刑期的最小计算单位应当是"日"。实际上，为了保障诉讼活动顺利进行，司法机关对犯罪嫌疑人采取强制措施的时间长达数月的情况并不鲜见，不同法院计算先行羁押期限的方法存在不同。有的是严格按照刑法第四十一条、第四十四条、第四十七条的字面意思操作，以"日"为抵刑计算单位；有的法院为便于计算刑期，在被告人被先行羁押时间较长的情况下以"月"为计算单位折抵刑期。

抵刑计算单位不同会导致刑期计算结果不同。如罪犯刘某某刑事执行案中，刘某某于2015年12月29日被刑事拘留，2016年1月28日被取保候审，2017年1月29日被羁押，同年2月7日被刑事拘留，3月14日被逮捕。2017年4月20日刘某某被法院判处有期徒刑一年二个月，刑期自2017年1月29日起至2018年2月28日止。执行通知书记载：羁押抵刑1个月。从执行通知书可推知，法院在计算先行羁押期限时借鉴了计算刑期的方式，即"留头去尾法"：2015年12月29日至2016年1月28日恰好为1个月，与执行通知书上羁押抵刑1个月相互印证。根据最高人民法院《关于刑事裁判文书中刑期起止日期如何表述问题的批复》之规定，[①]刘某某刑期应从最后一次被羁押之日（2017年1月29日）起计，先按判决的有期徒刑一年二个月算足，原刑期止日为2018年3月28日，再折抵1个月的刑期，即向前推1个月，刑期止

★ 陈宇华，上海市闵行区人民检察院驻监狱检察室主任；吴燕燕，上海市闵行区人民检察院驻监狱检察室检察官；严文君，上海市闵行区人民检察院驻监狱检察室检察官助理。

[①] 2000年2月29日最高法《关于刑事裁判文书中刑期起止日期如何表述问题的批复》指出，刑期从判决执行之日起计算。判决执行以前先行羁押的，羁押1日折抵刑期1日，即自××××年××月××日（羁押之日）起至××××年××月××日止。羁押期间取保候审的，刑期的终止日顺延。

日为 2018 年 2 月 28 日，与判决书相印证。在以"日"为单位折抵刑期的情况下，刑期止日则不同。刘某某 2015 年 12 月 29 日至 2016 年 1 月 28 日共被羁押 31 日，从原刑期止日 2018 年 3 月 28 日向前推 31 日，刑期止日为 2018 年 2 月 25 日，与原判刑期相比少 3 天。

实际上，造成按"月"和按"日"计算羁押抵刑结果差异的根本原因在于每个月的天数是不定的，可能出现 28、29、30、31 日这 4 种情况，使用不同的计算单位会导致刑期计算相差 1 至 3 日。

有意见认为，法院并非不熟悉刑法规定才以"月"为抵刑单位，而是对刑法第四十一条、第四十四条、第四十七条的具体适用作了变通。由于量刑以月为计算单位，折抵时也以月为单位并无不妥。因为每月的天数不同，当两个同样被判处一年有期徒刑的罪犯在不被减刑、假释的情况下，如果刑期起日不同，被关押总天数仍然可能不同，所以机械地按日计算先行羁押期限没有必要，尤其是对先行羁押时间长达数月的罪犯，以月计算羁押期限更为便捷。

笔者赞同以日为单位计算罪犯折抵刑期的观点。适用两种不同的计算方式造成刑期差错虽然只有几天，但人身自由无小事，不能因刑期计算的技术问题造成刑罚执行不公正。

（二）刑期止日巧遇特殊月份时折抵方式的分歧

审判机关内部在确定特殊月份的刑期起止日问题上存有多种意见，且目前尚未达成共识。特殊月份一般是指公历 2 月，因 2 月涉及到 28 天和 29 天两种特殊情况，使刑期折抵的计算更加复杂。

非 2 月的月份通常只会出现 30 日、31 日这两种情况，按照法院计算刑期的"留头去尾法"，无论刑期起日是一个月中的哪一天，都能在其他非 2 月的那个月份中找到对应日的前一日，从而确定为刑期止日。当刑期起日刚好在 30、31 日，而刑期止日又恰逢 2 月时，再使用"留头去尾法"就会造成困难。目前主要存在两种观点：一种观点认为，先将 2 月虚拟出 30 日，当刑期起日为某月 29 日时，刑期止日为 2 月 28 日；当刑期起日为某月 30 日或 31 日时，如恰逢闰年，刑期止日就是 2 月 29 日，非闰年的，刑期止日则为 2 月 28 日。另一种观点认为，计算应本着自本月某日至下月同日的前一日为 1 个月，即"同日对同日的前一日"的原则。如果下月同日不存在，同日的前一日也不存在，以下月最后一日为同日，以下月最后一日的前一日为一个月，即"同日对最后一日前一日"为满月终止日。[1]

笔者赞同第一种观点，即：当刑期起日为某月 30 日或 31 日时，刑期止日应当为 2 月的最后一日。一是从公平角度出发，在特殊案件中，刑期起日一般是某月的 30 日或 31 日，将刑期止日定为 2 月最后一日，相比较刑期止月不是 2 月的其他罪犯来说，其实际执行的总刑期可能还少 1 至 2 日，且即使每个罪犯的刑期都经过了 2 月，那么就无必要再强行以最后一日的前一日定为刑期止日，这样会增加刑罚执行的投机性。二是从一般计算刑期规则角度出发，如果采纳"同日对最后一日前一日"为满月终止日的观点，则会人为增加非特殊月份计算的困难性。譬如，某罪犯刑期起日是 3 月 31 日，刑期一个月，按照第二种方式，因为 4 月不存在 31 日，他的刑期止日只能定为 4 月 29 日，于法无据。三是从刑期计算的准确性角度出发，采纳第二种观

---

① 王建平：《刑期起止日计算问题研究》，载《上海法治报》2018 年 1 月 31 日。

点会造成量刑一致、刑期起日不同的两个案件最终的刑期止日仍然相同。

（三）如何界定刑期折抵和量刑行为界限的分歧

刑期折抵和量刑工作都是司法审判活动的一部分，从时间上看，均处于审判活动的后期环节。一般情况下，先行羁押抵刑应当发生在审判人员量刑后确定刑期起止日的过程中，但笔者曾发现部分法院对刑罚尚未执行完毕又犯新罪或存在漏罪情况的被告人不折抵刑期的情形。有人认为，在对被告人前后罪数罪并罚的过程中已经将先行羁押的期限一并考虑进对罪犯裁量的刑罚之中，先行羁押抵刑融于量刑的自由心证过程中，所以无需在刑期确定中再重复折抵先行羁押的期限。但笔者认为，该观点混淆了量刑和刑期折抵的概念，且不当扩大了自由裁量权的范围。如果每个案件都将罪犯被先行羁押的期限囊括在裁量的刑罚中，那么刑期折抵制度将失去存在的意义。

二、羁押抵刑的适用方法

上述对罪犯羁押抵刑的三类争议问题看似是刑期计算技术层面的内容，实质是在法律规定不完备的情况下，司法机关对刑期折抵制度的误读。解决这些问题需从现行法律框架下对刑期折抵制度的价值定位和内在逻辑出发，归纳出一般刑期折抵的普遍方法和规则。

（一）保障人权的内生性要求

无论是在解决刑期折抵的计量单位、特殊月份刑期折抵等问题抑或是厘清刑期折抵和量刑工作的界限等问题上，他们的意义都不止于提高刑期计算的技术程度，还关乎利用司法公权力剥夺人身自由的正当性，因此保障人权是这项制度的内生性要求。在确因法律规定不明或者司法解释抵触造成审判人员适用刑期折抵计算方法有争议的情况下，应当以保障人权原则作为底线。当明知实务中羁押抵刑计算方式有两种以上争议意见时，审判人员应在保证计算刑期准确的前提下，从被告人利益角度出发，选择刑期最短的计算方式。

（二）羁押抵刑须符合刑法裁量制度的特征

刑期折抵是一种刑罚裁量制度还是刑罚执行制度在理论上尚无定论。笔者认为，无论是在法律规定上，还是在具体司法环节上，它都更符合刑罚裁量制度的特征，因此，适用刑期折抵也应当符合刑法裁量制度的特征。

首先，它是由刑事实体法直接调整的一种实体问题，不是程序法意义上的时效问题。我国对刑期折抵的原则性规定集中规定在刑法总则第三章刑罚编的第四十一条、第四十四条、第四十七条。这意味着，适用刑期折抵制度也应当符合刑法基本原则。刑法的罪刑法定原则要求对刑法解释时应当首先使用文义解释，并禁止类推解释。这就解答了刑期折抵是以日还是以月为计量单位进行折抵的争议。在字面意思明确无疑的情况下，应当严格按照刑法规定，对判处有期徒刑的罪犯以"羁押一日折抵刑期一日"的方式来执行。以月作为刑期折抵的计量单位的做法，是从刑期计算的便捷角度出发的，实质上没有将刑期折抵置于刑法实体法的整体范畴内考虑，变相地适用了类推解释，应当禁止。有人在特殊月份的刑期计算问题上主张借鉴刑事诉讼法中关于期间计算的规定，对刑期止日落在2月的情况以"同日对最后一日前一日"为刑期终止日，也没有考虑到刑期折抵作为刑法制度的整体意义。

其次，刑期折抵应当与同为刑罚范畴内的减刑等制度计算规则保持一致。减刑是对具备减刑条件的罪犯减轻原判刑罚的制度，由于对原判罪行进行了再次衡量，使其具备了类似重新量刑的特性，所以裁定权必须由法院掌握。实务中存在对短期犯裁定减刑的探索，短期犯原判刑期仅三个月至一年，对其裁定减去的刑期有时仅有数日，判决书表述为"裁定对罪犯某某减去有期徒刑××日"，虽然未经减刑的罪犯在原判宣告刑期中并不精确到日，但纵观整个量刑体系，仍可以日为计量单位。而刑期折抵的计算方法与减刑后的刑期计算方法并无二致，都是由法院于量刑后在应判刑期的基础上扣除一段时间。刑期折抵与减刑同属刑罚范畴，既然减刑计量单位可以日计算，刑期折抵也可以日计算。

三、完善刑期折抵司法解释的建议

当前缺乏统一、完善的刑期折抵司法解释，审判机关内部无法对刑期折抵具体方式方法达成统一口径，可能会引起更多刑期折抵申诉，且检察机关在无明确法律指引的情况下，也无法有力、有据、有效地对判决书中的宣告刑期予以纠正。笔者建议有关机关从几方面联合制定刑期折抵司法解释：一是对突出的几类争议问题进行明确的解答。对实务中分歧较多的问题给予权威解释，避免争议反复产生。二是制定一部系统、完整的刑期计算方法司法解释。当前能找到的关于刑期折抵的法律指引多以最高法的批复或者电话答复为主，比较零散。建议对当前零散的电话答复或批复文件予以汇总，并以司法解释的方式将规则确立下来，使其具备体系性，为司法实践提供指导和便利。

盗抢案件证据陷阱及识别方法

——以 3 年盗抢案件为样本

刘莺莺*

识别案件中存在的证据陷阱，是实现司法公正的前提，也是检察官的使命。抢劫、抢夺、盗窃案属于刑事多发案件，仅广州市白云区检察院侦监部门2015—2017年3年间便受理盗抢案件共计2281件2662人。根据办案实践，笔者总结得出盗抢案件中四个常见的证据陷阱，并归纳五种方法以助识别。

一、盗抢案件中四个常见的证据陷阱

（一）犯罪嫌疑人供述、现场指认笔录不真实

盗抢案件往往具有这些显著特点：涉嫌多宗犯罪事实；赃物无法追回；犯罪嫌疑人并非现场被抓获；先证后供。如笔者办理的李某涉嫌盗窃一案，李某归案后供述了多起盗窃事实，称仅2017年8月就在某广场先后盗窃了两辆电动车，一台爱玛牌、一台红色的台铃牌，并对作案现场照片进行了认签，注明了作案时间、地点与电动车品牌。公安机关根据其供述，在该时段的受案登记表中查找类似报警信息，发现只有一名被害人报称2017年8月16日在同一广场丢失了一辆红色的新澳美奥牌电动车。车辆品牌对不上，且李某称已在路边销赃，公安人员发现该问题后，通过讯问，李某承认其8月在某广场盗窃的两台电动车，一台是爱玛牌，一台是红色杂牌。案件呈捕后，李某辩称，在某广场只盗窃过爱玛牌和台铃牌电动车，而现场指认笔录中亦显示是台铃牌电动车。李某供述与被害人就赃物品牌的陈述存在重大矛盾，由于被害人提供的购车发票显示为新澳美奥牌，因此李某关于盗窃红色杂牌电动车的供述应予排除。

还有一些盗抢案件，犯罪嫌疑人因作案过多，无法回忆起具体的作案时间、地点和赃物，公安人员通过犯罪嫌疑人供述的作案手段、对象和相近地点，找到被害人的报案材料后，引导犯罪嫌疑人承认，这种先证后供产生的犯罪嫌疑人供述，客观性需要核实。为防事后犯罪嫌疑人翻供，应当谨慎对待这类供述。

（二）被害人陈述、辨认笔录不客观

盗抢案件作案时间特殊、案发时间短暂的特点，容易导致被害人可能无法看到或看清犯罪

★ 刘莺莺，广东省广州市白云区人民检察院检察委员会委员、侦查监督科科长。

嫌疑人。被害人的陈述和辨认又相当重要，容易导致这类证据充满陷阱，需要警惕。如在李某某涉嫌飞车抢夺案件中，两名被害人均称坐在摩托车后排实施抢夺的犯罪嫌疑人没有戴安全帽，抢夺后还回头观望，故能够辨认出，且看到了车牌号码。公安机关根据该车牌号找到了车主李某某。案件呈捕后，承办人经审查案件，发现李某某始终否认实施抢夺，称自己是开杂货店的，摩托车放在店门口，有时朋友会借去开一下。而案发时间为晚上11时左右，抢夺发生处路灯十分昏暗。承办人询问两名被害人，二人表示，案发当时犯罪嫌疑人没有回头，但是一瞬间看到了其侧面；公安机关通知二人去看守所辨认时，李某某一人蹲在看守所大堂，二人觉得有点像，之后在照片中都辨认出了李某某。最终，因被害人陈述、辨认笔录客观性存疑，案件依法作无罪处理。

（三）证人证言、辨认笔录不客观

盗抢案件因案发突然，往往目击证人尤其是中立目击证人的证言，备受重视。然而，"目击证人是最好的证据，是一个司法迷信。"[1]实践中，对于路人作证并指认出犯罪嫌疑人的，应当谨慎审查。如王某涉嫌抢夺案，被害人被徒手抢走一台手机，之后在群众帮助下将犯罪嫌疑人王某抓获。王某否认实施了抢夺，在其身上和抓获现场也没有查获赃物，但现场有一名证人称自己是路人，看到了抢夺经过，并认出了犯罪嫌疑人。后承办人在审查其他案件时，偶然发现该证人是案发片区派出所的辅警，进行询问时，该证人称，自己没有看到案发经过，事后才到达现场并看到王某的。可见，该案中的证人证言、辨认笔录并不客观。

（四）鉴定意见不客观

由于鉴定意见往往通过一定的科技手段得出，其证明力往往被认为优于其他证据，对其审查和质证容易被忽视。在盗抢案件中，需要谨慎审查的鉴定意见，主要集中在以下三个方面：

1.痕迹物证鉴定意见。国外有学者曾经进行过一个调查试验，同时比较了测谎结论、笔迹鉴定意见、指纹鉴定意见以及目击证人证言的准确性。这一调查分别选取了20个样本，结果发现：测谎结论正确的18个，错误的1个，没有得出结论的1个；笔迹鉴定结论正确的17个，错误的1个，没有得出结论的2个；指纹鉴定结论正确的4个，错误的0个，没有得出结论的16个；目击证人证言正确的7个，错误的4个，没有得出结论的9个。[2]可见，除了证人证言的真实性堪忧外，笔迹鉴定和指纹鉴定这两种痕迹鉴定意见的客观性也应当引起重视。对于仅凭指纹孤证定案的案件，尤其是在入室盗窃案件中，当只有一枚指纹的孤证时，需要谨慎审查。

2.图像鉴定意见。图像鉴定意见近年来多有使用，通过比对犯罪嫌疑人和监控录像中的作案人，来确定或排除犯罪嫌疑人的作案嫌疑，对于打击盗抢案件具有重要作用。但图像鉴定意见的客观性也需要认真审查：第一，图像鉴定虽然使用了现代科技手段，但对鉴定材料、鉴定人的经验和操守要求较高；第二，实践中，基于鉴定机构自身的利益驱使、侦查机关破案任务

① [美]吉姆·佩特罗、南希·佩特罗：《冤案何以发生》，苑宁宁、陈效等译，北京大学出版社2012年版，第315页。
② 《三言九问——德恒证据学论坛实录》，何家弘、张卫平、汪建成主讲，刘品新策划编辑，中国政法大学出版社2007年版，第388页。

和逮捕指标的压力，导致一些图像鉴定意见出现问题，需要谨慎采信。如汪某涉嫌抢夺案，监控视频显示作案人头戴全包式头盔飞车抢夺，而人像比对鉴定意见比中了汪某。承办人就鉴定的客观性咨询鉴定人时，鉴定人称仪器自然可以比对出来，但也表示，侦查机关未按要求提供汪某开摩托车的动态视频和照片，该鉴定意见只是作为参考，其不愿出庭接受质询。最终，该案未采信该人像比对鉴定意见。

3.价格鉴定意见。价格鉴定的准确性对于盗抢案件的罪与非罪意义重大，需要认真审查。如在黄某某涉嫌盗窃案中，涉案的广州大运牌三轮摩托车购买时价格为5000元，而案发时价格鉴定为4792元，达到了广州市关于盗窃罪的立案追诉标准。但是，经审查被害人陈述和购车收据，发现该车系2010年9月购买，案发时间是2017年3月，鉴定价格明显不符合常理。经向估价所了解，发现侦查机关委托鉴定资料中列明的购买时间是2016年，导致鉴定价格有误。经重新鉴定，涉案车辆价格未达到盗窃罪的立案追诉标准，最终案件作无罪化处理。

二、识别盗抢案件证据陷阱的五种方法

（一）发现证据矛盾

证据存在矛盾是常态，及时发现矛盾，准确处理矛盾，是正确判断证据的关键。如前文所述发生在某广场的盗窃案，就是通过发现犯罪嫌疑人供述与被害人陈述之间的矛盾、犯罪嫌疑人自身前后供述之间的矛盾，结合购车单据等书证及破案经过，认定该案证据之间的矛盾，然后认真化解、合理解释和排除矛盾的。

（二）常情常理分析

常情常理分析，是发现证据陷阱的常用手段。例如，在一起飞车抢夺案中，案发6个月后犯罪嫌疑人被抓获。被害人、证人与犯罪嫌疑人素不相识，却在案发半年之后，均辨认出犯罪嫌疑人，是否符合常理，需要深思。承办人询问被害人、证人，二人均称案发现场没有看清犯罪嫌疑人的样貌，是通过观看现场监控录像认出的犯罪嫌疑人。承办人查看了现场监控录像，发现由于拍摄角度的问题，根本无法看到犯罪嫌疑人近距离正面照。犯罪嫌疑人始终否认指控的犯罪，结合现有证据，最终案件作无罪化处理。

（三）复核言词证据

复核被害人、证人的言词证据，是避开证据陷阱非常直接和有效的方法。对于不同证人的证言高度一致、证人证言与被害人陈述高度一致，甚至连错别字、笔误均一致的案件，尤其要引起高度重视。如在一起抢夺案中，被害人陈述与证人证言高度一致，且犯罪嫌疑人拒不供认，也非现场抓获，未缴获赃物。承办人认为案件存在疑点，经询问被害人和证人，发现两人是在一起作证，共同回忆，共同商量，共同辨认。后案件作无罪化处理。

（四）查看同步录音录像

对由证到供的盗抢案件，或者犯罪嫌疑人翻供的案件，应当谨慎对待。可以通过查看同步录音录像的方法查找问题，增强内心确信。

1.查看犯罪嫌疑人供述的同步录音录像。笔者在查看该类同步录音录像时，曾发现以下问

题：第一，犯罪嫌疑人无供述。如在一起盗窃案讯问的同步录音录像中，侦查人员一边自言自语一边不停打字，在长达40分钟内犯罪嫌疑人未说一句话。第二，讯问笔录与同步录音录像反映的内容有实质性区别。如在一起抢夺案讯问的同步录音录像中，犯罪嫌疑人虽承认实施了抢夺，但称记不清具体情况，侦查人员提示其是否在某处实施了抢夺，其明确否认，但讯问笔录中却显示其供述了该起抢夺事实。上述言词证据，均应予以排除。

2.查看犯罪嫌疑人指认作案现场的同步录音录像。审查该类同步录音录像主要考量以下两方面的情况：第一，是由侦查人员指引路线还是犯罪嫌疑人主动带引；第二，犯罪嫌疑人的表现是否自然、确信。通过审查，判断犯罪嫌疑人的指认是否真实。

（五）咨询专家学者

对于鉴定意见存在疑问的，可以询问鉴定人，了解鉴定的依据、方法、过程以及鉴定人对于鉴定结论的确定性程度、是否愿意出庭接受质询等；也可以询问其他专家学者，形成对鉴定意见的内心确信。如笔者办理的刘某涉嫌盗窃罪一案，为确认被盗摩托车2017年9月案发时的鉴定价格6158元是否合理，首先咨询了鉴定人，鉴定人表示，被害人2014年6月购车时7500元的开票价格仅包括增值税，未包括车辆购置税。经过市场调查走访，并严格按照折旧规定，最终确认鉴定价格客观合理，司法机关均采信了该份价格鉴定意见。

非法侵入网络摄像头犯罪案件的办理和防范

郭运东*

近年来，随着网络摄像头的普及，众多用户将之作为家庭防盗、监护的工具安装在家中，然而，网络摄像头也成为部分不法分子用以窥探他人隐私的破解目标。

一、破解网络摄像头犯罪案件的办理难点与思路

近日，笔者便办理了一起破解他人家庭网络摄像头，并将相关信息出售以进行牟利的非法获取计算机信息系统数据、非法控制计算机信息系统案。2017年6月底至2017年8月15日，赵某某发现贩卖他人网络摄像头IP等相关信息有利可图，遂采取使用一些破解软件扫描并破解他人网络摄像头IP地址、用户名及密码等信息的方法，非法获取计算机信息系统数据、控制计算机信息系统98组。破解他人网络摄像头后，赵某某在互联网上发布信息，将其所破解的网络摄像头IP等相关信息进行贩卖，从中获利1万余元。最终，赵某某因非法获取计算机信息系统数据、非法控制计算机信息系统罪，被判处有期徒刑十个月，并处罚金人民币5000元。在办案过程中，笔者对一些司法难点进行思考。

（一）网络摄像头的技术属性界定

在一般的非法获取计算机信息系统数据、非法控制计算机信息系统案件中，被犯罪分子侵入和破解的目标一般为计算机或是网络服务器，这些目标显然属于最高法、最高检《关于办理危害计算机信息系统安全刑事案件应用法律若干问题的解释》中所规定的计算机信息系统。[①]本案中，赵某某入侵的网络摄像头与常见的此类犯罪目标有所不同，那么，网络摄像头是否属于本罪所规定的"计算机信息系统"？笔者认为，这需要对网络摄像头的技术属性进行分析。

本罪所规定的"计算机信息系统"要求具备自动处理数据功能，而传统意义上的摄像头只具备采集图像数据的功能，并不具有自动处理数据的功能。那么，网络摄像头是否具有自动处理数据的功能？经查阅相关资料，笔者发现，网络摄像头一般由镜头、图像传感器、声音传感器、A/D转换器、图像、声音、网络服务器、外部报警、控制接口等部分组成。除了具备一般传统摄像机所有的图像采集功能外，还由内置的网络服务器提供网络摄像头的网络功能，它采用HTTP、TCP/IP等网络协议，将视频数据经压缩加密后，通过局域网、Internet或无线网络

* 郭运东，安徽省长丰县人民检察院公诉科检察官助理。
① 最高法、最高检《关于办理危害计算机信息系统安全刑事案件应用法律若干问题的解释》第十一条第一款规定：本解释所称"计算机信息系统"和"计算机系统"，是指具备自动处理数据功能的系统，包括计算机、网络设备、通信设备、自动化控制设备等。

送至终端用户，允许终端用户使用网络摄像头的IP地址、账户、密码和端口等参数对网络摄像头进行远程访问、观看实时图像，及控制摄像头的镜头和云台，进行全方位的监控。据此，笔者认为，网络摄像头与传统意义上的摄像头所具有的最大不同，即其具备将收集所得的图像数据经过一定的自动加密处理后，实时传输到网络，并供有权限的终端用户进行访问、查看的功能，因此网络摄像头应被认定为具备自动处理数据功能的网络设备，属于非法获取计算机信息系统数据、非法控制计算机信息系统罪所规定的"计算机信息系统"。

（二）非法侵入网络摄像头的行为性质界定

我国刑法第二百八十五条所规定的非法获取计算机信息系统数据、非法控制计算机信息系统罪是一个选择性罪名，因此在办理非法侵入网络摄像头案件时，需要明确被告人行为的具体性质。具体到本案中，赵某某的行为是构成非法获取计算机信息系统数据，还是非法控制计算机信息系统，抑或是同时构成？笔者认为，赵某某的行为同时构成非法获取计算机信息系统数据、非法控制计算机信息系统。

赵某某在本案中的行为模式为：在一些破解软件中设置扫描的网络IP段，通过上述软件对IP段进行扫描，便能自动破解其中部分网络摄像头的IP地址、用户名和密码信息，赵某某在观看后，将破解的网络摄像头的IP地址、用户名和密码信息进行整理，将其认为有贩卖价值的进行保留（一般为安装在他人家中，特别是卧室等私密位置的网络摄像头信息），并在QQ群中发布信息，有购买意向的买家会与其联系，商定价格后，买家通过QQ或微信红包、转账的方式向赵某某付款，买家从赵某某处购买到网络摄像头的IP地址等信息后，可查看该摄像头的实时图像，并可通过该APP，实现远程对摄像头的上下左右等位移性控制操作。

本案中，赵某某行为的主观目的，在于非法获取他人网络摄像头IP地址、账户、密码等相关数据信息，并通过出售相关信息牟利约1万余元，此类数据信息属于最高法、最高检《关于办理危害计算机信息系统安全刑事案件应用法律若干问题的解释》中所规定的身份认证信息[①]，其行为为明显构成非法获取计算机信息系统数据。

网络摄像头的IP地址、账户、密码等信息是通过终端（手机APP或网络访问）对网络摄像头进行远程图像查看、控制的必备条件，这些信息一旦被他人获得，网络摄像头的所有者便丧失了对摄像头控制的唯一性，也就是说，其对摄像头及其传输的图像信息的支配权受到了侵犯。而若这些信息再被他人传播，则摄像头所有者的权益将受到更大的侵害。赵某某明知上述情况，仍然使用破解软件破解他人网络摄像头，并使用终端设备对破解的信息登录以进行验证，在观看后将其中认为有价值的进行截图整理后出售，放任买家对他人网络摄像头进行远程控制和查看。由此可见，无论是赵某某自己破解并登录、查看网络摄像头的行为，还是其贩卖破解的网络摄像头IP地址等信息供买家查看他人网络摄像头的行为，均可同时认定为非法控制计算机信息系统。

---

① 最高法、最高检《关于办理危害计算机信息系统安全刑事案件应用法律若干问题的解释》第十一条第二款规定：本解释所称"身份认证信息"，是指用于确认用户在计算机信息系统上操作权限的数据，包括账号、口令、密码、数字证书等。

（三）非法侵入网络摄像头刑事案件的证据把握

同传统类型的刑事案件相比，网络、计算机犯罪案件在取证上普遍存在一定的困难，同时在证据的类型和把握上存在明显的不同，笔者认为，非法侵入网络摄像头案件在证据类型上的特点为远程勘验、电子证据检查笔录的存在，而证据把握的难点则在于被告人获取的他人网络摄像头IP地址、账户、密码等信息是否真实有效和对被告人非法获利情况的核实。

首先，远程勘验笔录、电子证据检查笔录是计算机犯罪案件中独有的证据类型，其目的分别是通过网络对远程目标系统实施勘验，提取、固定远程目标系统的状态和存留的电子数据，检查已扣押、封存、固定的电子证据，以发现和提取与案件相关的线索和证据。此类证据对于固定计算机犯罪案件中被告人所使用的作案工具内所保存的涉案数据有着重要的作用，能够较为直观地证明被告人进行计算机犯罪的行为模式和犯罪后果。然而需要注意的是，任何证据都需要与其他证据结合才能达到印证效果，远程勘验笔录、电子证据检查笔录也不例外。远程勘验笔录、电子证据检查笔录所能证明的，仅是在被告人持有的计算机中发现了涉案数据，并对数据进行了固定，而不能当然地证明这些数据就是由被告人破解获得的。因此，在对此类证据的运用和把握上，需要及时结合其他证据进行印证，对被告人的犯罪事实进行固定。如在本案中，公安机关在对赵某某持有的计算机进行电子数据检查时，发现赵某某持有的计算机中存储的大量他人网络摄像头IP地址、账户、密码等信息后，并未就所有这些信息的来源及时向赵某某进行核实或从其他方面进行取证便移送审查起诉。在审查起诉阶段，赵某某辩称，这些从其持有的计算机内检查出的信息中，仅有部分是其破解所得，其余部分是其从QQ群中保存的由他人发布的信息，这为本案后期的办理造成了一定的困难。

其次，刑事案件取证的过程具有滞后性，而网络摄像头IP地址、账户、密码等信息并非是固定且始终真实有效的。一方面，在现实中，网络摄像头所有者出于种种原因，可能对网络摄像头的密码等信息进行修改，甚至拆除摄像头，使得被告人原本破解的信息在公安机关侦查案件时不再有效。另一方面，也不能排除被告人出于种种原因伪造破解信息的可能。需要说明的是，笔者并不认为若被告人真正破解的信息在后期失效，便不能计入其破解、控制的网络摄像头组数，而是要求有证据能够证明这些信息在被告人破解之时是真实有效的。本案中，由于赵某某对其破解的信息均进行了实际登录查看，并将登录后摄像头画面的截图同网络摄像头IP地址、账户、密码等信息一起作为文档进行了保存，公安机关在案发后及时对相关文档进行了检查和固定，可以说在本案中，这些文档尤其是网络摄像头画面截图的存在，能够较为直观地证明赵某某所破解的信息在其破解时是真实有效的。若在其他案件中，被告人未对其破解的网络摄像头相关信息进行实际验证，或称其存储的相关信息是伪造的，那么此时便要求公安机关及时通过侦查实验等手段，及时对相关信息进行验证，以及时固定被告人所实际破解网络摄像头信息的组数。关于如何确定被告人在此类案件中非法获利的问题，由于被告人一般系在网络上出售其所破解的网络摄像头的相关信息，因此需要重点考察其网络转账记录，然而，其中难免存在如何区分非法获利同正常转账往来的问题。如在本案中，赵某某提出其网络转账记录中部分转账收入系其在QQ、微信群中抢红包所得。笔者认为，为确定被告人的非法获利情况，需要通过研判其在出售信息时与买家的聊天记录信息，以发现其出售信息获利的规律（如信息售价是否固定，交易对象与其有无关系），同时及时向被告人进行核对，及时判断并固定其非法获利情况。

二、破解网络摄像头犯罪案件的防范

笔者从社会层面和用户层面，就如何防范破解网络摄像头犯罪案件提出相关的意见和建议。

从社会层面而言，要防范破解网络摄像头犯罪案件，需要从以下方面入手。首先，应重点打击在网络上开发以及传播网络摄像头破解软件的行为。此类软件对于网络摄像头安全的危害极大，且其开发的唯一目的就是非法破解他人所有的网络摄像头，而在网络上获取此类网络摄像头破解软件并非难事。笔者认为，此类软件明显属于我国刑法第二百八十五条所规定的"专门用于侵入、非法控制计算机信息系统的程序、工具"，对此类软件的开发者以及传播者应重点打击，从而切断破解网络摄像头犯罪案件的源头。其次，应对QQ、微信等社交网络进行一定的监管，QQ群、微信群是不法分子在从事非法破解网络摄像头行为时普遍使用的交流、交易平台。因此，对含有"摄像头交流""摄像头破解"等关键词的QQ、微信群应加强监管，消除滋生破解网络摄像头犯罪案件发生的土壤。再次，应加强对破解网络摄像头犯罪案件防范和打击的宣传力度，群众对此类案件威胁警惕的基础是知情，而对从事此类行为的不法分子产生震慑的要点同样在于宣传，应通过多种方式，尤其是网络等新媒体加强对此类犯罪案件防范和打击的宣传。

从用户层面来看，在使用网络摄像头时应注意以下几点。首先，在家中安装网络摄像头时，注意不要将摄像头安装在对准卧室、浴室等隐私场所的位置。此类摄像头容易成为不法分子破解并利用的目标，应当避免将网络摄像头安装在此类位置，或在家中有人，不需要使用摄像头时及时关闭摄像头，这将降低隐私被他人窥探的风险。其次，避免设置较为简单的密码并定期修改密码，网络摄像头破解软件并不是能破解所有扫描到的网络摄像头，对其中密码较弱的摄像头有更大的破解可能性，设置复杂密码并定期更改密码能大大降低网络摄像头被破解的可能。再次，在网络摄像头品牌的选择上，应尽量挑选数据加密性较好的品牌摄像头，此类摄像头能显著增强数据传输的秘密性，从而为用户家庭隐私提供更好的保障。

生产、销售假药罪司法认定若干问题研究

李晓龙　陶孟英*

近年来，制售假药犯罪的刑事案件发案率居高不下。一方面，"假药"类案件频发，另一方面，司法实务中对定罪量刑方面也存在不少分歧，分歧集中凸显在在认定刑事追诉标准、犯罪对象、主观明知及犯罪形态等方面，法律适用认识的不统一严重影响了司法实践对此类案件的处理。本文从上述几个方面入手，就生产、销售假药类案件司法认定中的疑难问题进行梳理和探讨。

一、关于生产、销售假药罪的刑事追诉标准问题

药品管理法第七十四条规定，生产、销售制售假药的，没收违法生产、销售的药品和违法所得……构成犯罪的，依法追究刑事责任。由此看来，制售假药违法行为具有独立的存在空间，制售假药犯罪只与严重的制售假药违法行为发生重合。但是，按照目前刑法对制售假药行为的规定，制售假药犯罪与制售假药违法行为处于完全重合状态。因此，实践中如何合理界定制售假药类行为的性质尤为重要。

刑法修正案（八）颁布以来，司法界对生产、销售假药的行为是否一律入刑的争议较大。肯定说认为，刑法第一百四十一条在罪状描述上没有情节和后果的规定，"对人体健康造成严重危害""有其他严重情节""致人死亡""有其他特别严重情节"只是结果加重情节，因此，只要行为人实施了生产、销售假药的行为，一律应追究刑事责任；否定说认为，刑法要在罪刑法定的框架下，区分在不同情况下假药的社会危害性大小，准确框定本罪的犯罪圈，做到既不放纵犯罪，也不过度打击[①]。

笔者认为，并非所有生产、销售假药的行为均认定为犯罪，不应一律入罪。虽然药品管理法中对于制售假药法律责任的规定涵盖行政责任和刑事责任，但有关刑事责任追究的条款，明显仅仅是一种笼统性的规定，仅仅起到提示作用。在实践操作层面，对于生产、销售假药违法行为而言，如果都通过刑事司法程序予以规制，一方面，大大增加了司法机关的诉讼工作量，打击的力度随之受到影响，往往流于形式，导致生产、销售假药行为常常死灰复燃，另一方面，因两法交集也产生了社会公众对于此类行为性质理解的混乱，容易造成公众对司法机关处罚的不满，一定程度上也有损法律的权威。因此，合理界定生产、销售假药之违法与犯罪行为之间的"度"，是当前司法实践的当务之急[②]。笔者认为，对于此类情形，可以依据刑法总则精

---

* 李晓龙，福建省厦门市思明区人民检察院政治处主任；陶孟英，厦门市思明区人民检察院业务管理部主任。

① 王玉珏：《生产、销售假药的司法认定》，载《人民检察》2012年第19期。
② 许美：《生产、销售假药罪刑法适用调查分析》，载《人民检察》2013年第17期。

神，也就是刑法第十三条"但书"的规定，对虽然实施制售假药行为，但情节显著轻微危害不大的，可不认为是犯罪，不予以刑事处罚，而独立适用行政处罚，为行政处罚留下空间。

二、关于生产、销售假药罪犯罪对象认定问题

（一）应认定犯罪对象是药品而非食品、保健品

根据药品管理法第一百条的规定，药品与食品、保健品有本质区别，主要体现为：一是使用目的不同。保健品是指声称具有特定保健功能或者以补充维生素、矿物质为目的的食品，即适宜于特定人群食用，具有调节机体功能，不以治疗疾病为目的，并且对人体不产生任何急性、亚急性或者慢性危害的食品[①]。而药品是用于预防、治疗、诊断人的疾病，有目的地调节人的生理机能并规定有适应症或者功能主治、用法和用量的物质[②]。药品应当有明确的治疗目的，并有确定的适应症和功能主治。二是使用期限不同。虽然保健品的说明书上有服用量的要求，但没有服用期限的要求；药品是有明确的服用剂量和时限的，在症状消失或者有其他非正常不良反应或者无效时，就应停止用药[③]。保健品根据产品标示规定食用，不会给人体带来健康危害，而药品可能造成对身体不利，甚至可能有毒副作用。三是使用方式不同，保健品一般使用口服方式，药品除了使用口服方式，还有可以涂抹、注射等方法。四是原料种类不同，保健品原料是禁止有毒有害物质的，但药品没有这种限制。

实践中，可以通过产品包装标示进行甄别，如批准文号是国药准字号还是国健准字号，品名是否明确标明是药品，标示的内容有无适应症或者功能主治、主要成份、用法与用量、注意事项、制造商是否药企等，以正确认定本罪的犯罪对象。

（二）应认定犯罪对象是假药

刑法第一百四十一条第二款确认了假药的概念，把属于假药和按假药处理的药品、非药品都纳入了假药的范畴，而药品管理法第四十八条进一步规定了假药和按假药论处的具体情形。目前基层司法实践中，有95%以上销售假药案件中的假药是市场监督管理部门根据该条第三款第（二）项"依照本法必须批准而未经批准生产、进口，或者依照本法必须检验而未经检验即销售的"和第（五）项"使用依照本法必须取得批准文号而未取得批准文号的原料药生产的"予以认定。据此，可以将实践中常见的假药类型划分为两种，一是外包装上没有药品进口文号的产品，多为境外是真药但没有经过有关部门批准进口的药品；二是外包装上没有药品批准文号的产品，多为无生产厂名、厂址、生产许可证的"三无"产品。根据药品管理法第三十九条和第三十一条第一款的规定，如果产品外包装上没有体现药品进口文号或批准文号的药品，都可以按假药论处。

---

① 李美英、姜雨、余超：《我国保健食品功能与原料管理的一点思考》，载《营养学报》2018年6月30日。
② 药品管理法第一百条规定，"本法下列用语的含义是：药品，是指用于预防、治疗、诊断人的疾病，有目的地调节人的生理机能并规定有适应症或者功能主治、用法和用量的物质，包括中药材、中药饮片、中成药、化学原料药及其制剂、抗生素、生化药品、放射性药品、血清、疫苗、血液制品和诊断药品等。"
③ 李美英、姜雨、余超：《我国保健食品功能与原料管理的一点思考》，载《营养学报》2018年6月30日。

三、关于生产、销售假药罪主观明知认定问题

生产、销售假药罪是故意犯罪，在认识因素上，行为人主观上应认识到以下几个层次，一是生产、销售对象是药品，二是生产、销售对象是假药，三是自己的行为是生产、销售，四是对行为违法性存在一定的认识。实践中，应注意以下几方面的问题：

（一）应认定行为人主观明知的来源

认定主观明知，在司法实践中，一般有两种渠道：一是犯罪嫌疑人供述，二是通过客观行为推定。其中，口供是认定明知的重要来源。但是，在获取口供时，笔者注意到侦查机关通常只问到"你知道卖的是假药吗"，这只是一个判断性提问，犯罪嫌疑人也经常只回答"是"或者"否"，而没有对行为人主观上如何明知进一步讯问（比如可以问"你怎么知道它是假药"等），这种讯问方式给制售假药行为人留下了辩解的空间。因此，笔者认为，在认定和收集证据过程中，应重点获取行为人主观明知来源性的证据，以强化行为人主观判断，如"外包装标示了适应症、有功能主治、用法用量，所以知道是药品""外包装上没有标示国家食品药品监督管理总局批准的药品批准文号，所以知道是假药"等等。

（二）客观推定往往无法解决主观认识是假药的问题

2014年12月18日福建省高级法院、省检察院、省公安厅、省食药监局、省质量技术监督局《关于办理危害食品药品安全刑事案件若干问题的座谈纪要》规定了关于主观故意的认定问题："应根据行为人认识能力、进货来源、销货渠道、进销货价格、以及证人证言、犯罪嫌疑人、被告人和同案人供述等综合审查判断。"学界也有类似观点，认为可以通过行为人的各种反常行为推定其具有生产、销售假药的主观故意[①]。但笔者认为，通过上述标准仅能认定行为人对其生产、销售的物品是否具有违法性的认识，但未解决行为人是否明知其生产、销售的是药品和假药的问题，不能以上述标准取代行为人对生产、销售对象主观明知的证据收集。

（三）行为人应对违法可能性有一定的认识

一种意见认为，生产、销售假药罪是行政犯（法定犯），由于行政犯与社会普通人的道德观念并无必然联系，如果仅以社会道德观念来判断行为的社会危害性，往往会形成错误判断。所以对于行政犯，无违法性认识在多数情形下属于无社会危害性认识，主观上具有违法性认识是成立故意犯罪的必备条件[②]。另一种意见认为，刑法中犯罪故意是明知自己的行为会发生危害社会的结果，而没有提出明知行为违法性的条件。因此，在一般情况下，无论行为人是否认识到自己的行为违反法律，都不影响故意犯罪的成立[③]。

实践中，我们遇到的特殊情形是台湾地区人员销售未经大陆批准销售的、在台湾地区合法销售的药品，不少人辩解称不知道大陆不能销售这类药品。对此，笔者同意张明楷先生的观点，即如果行为人由于某种原因确实不知该法律的存在，不知道自己的行为是违法的，也就不

[①] 陈晓钟、戚庚生：《生产、销售假药罪主观上明知及相关难点的司法认定》，载《人民司法》2012年第8期。
[②] 刘国付：《刑法中的违法性认识探析》，载《山西省政法管理干部学院学报》2013年第3期。
[③] 周博：《从"不要"走向"必要"：论违法性认识必要说在我国的确立——兼论违法性认识的体系性地位和功能》，载《法治论坛》2018年第1期。

可能明知自己的行为会导致危害社会的结果，因而不具备故意的认识因素，不成立故意[①]。

四、关于生产、销售假药罪犯罪形态认定问题

刑法修正案（八）取消了生产、销售假药罪"足以严重危害人体健康"的规定，改变了本罪具体危险犯的性质，对本罪究竟是属于抽象危险犯，还是行为犯，是否存在未遂情节，学界与司法实践均存在争议。

有观点认为，在修改后的规定中，本罪为行为犯，只要实施了生产、销售假药的行为就构成犯罪，此处所说的行为犯其实就是抽象危险犯，在我国刑法理论中，对于行为犯与抽象危险犯并不怎么区分[②]。由此，将导致逻辑上的"造成抽象的危险"等同于"实施了行为"。而如本文分析，生产、销售假药罪不论是从法益保护角度，还是从犯罪构成要件的角度，均强调行为的实质的社会危害性，由此，笔者认为，即使从抽象危险犯的角度分析，造成法益侵害结果的危险仍然应当是犯罪成立的一个重要条件。从危险程度评判角度出发，笔者认为本罪存在未遂情节。

从行为犯的角度，有观点认为行为犯一经着手即告完成，不存在未遂。笔者认为，虽然根据刑法修正案（八）的规定，生产、销售假药罪已由危险犯变为行为犯，但仍然存在未遂形态。只有在行为人的行为已完整实施某一犯罪构成要件，并具备了相应的精神上的或者制度上的危害结果（即非物质性危害结果）这一"实然危害"，行为犯的犯罪既遂才真正成立[③]。

生产、销售假药罪的核心法益是使用者人身健康安全，而不是单纯的药品市场的流通秩序。根据刑法修正案（八）对生产、销售假药罪的规定，笔者认为，生产、销售假药罪应当以假药已经成交或者已经付款作为认定犯罪既遂的标准，而不论是否已经进入交易环节或者放置于交易平台。如果由于行为人意志以外的原因，尚未实质进行假药交易行为，则属于犯罪未遂。

---

① 张明楷：《刑法学》（第五版），法律出版社 2016 年版，第 321 页。
② 陈兴良：《风险刑法理论的法教义学批判》，载《中外法学》2014 年第 1 期。
③ 魏东：《行为犯原理的新诠释》，载《人民检察》2015 年第 5 期。

毒品案件涉及辅料问题的定性分析

孙　超*

毒品辅料，是辅助于毒品，用于增加重量、提高改善毒品色泽、提升毒品"香味"等的化工品、食品添加剂、香料、油料、粉末等物品，多常见于海洛因、冰毒、麻古等毒品中。鉴于毒品犯罪相关辅料问题没有明确的司法解释，本文仅以司法实务中接触到的一些案例为样本，通过咨询相关鉴定人员、查阅资料等，形成毒品案件中涉及辅料问题时的定性和处理建议，以期抛砖引玉。

一、审查涉毒品辅料案件前须解决的问题

（一）明确毒品辅料和毒品的区别

毒品有麻醉、兴奋致幻作用，能造成神经损伤、依赖成瘾甚至最终导致死亡。从目前的司法实践看，毒品辅料不是毒品。毒品辅料和毒品并不发生化学反应，也不发生复杂的物理反应，不改变毒品的性状，只能辅助改善毒品外观、气味或者增加毒品的重量，通常包括三类：（1）冒充仿制、增重类，如面粉、二甲基砜、N-苄基异丙胺盐酸盐、高科冰晶等；（2）提香类，如马猴油、香兰素等；（3）提色类，如大红色素等。

仅使用辅料生产所谓的"毒品"，不能构成非法制造毒品犯罪。比如，某案犯罪嫌疑人购进二甲基砜、香兰素、马猴油、无水乙醇、大红色素、节节草等，制成"冰毒"和"麻古"予以出售。其中，二甲基砜的作用是其点燃后冒的烟和冰毒相似，香兰素的作用是仿冒麻古的香味，而大红色素的作用是仿冒麻古片剂的红色。笔者认为，该行为人虽然对购进的原料进行了一定程度的加工，但并非制造毒品，因为其使用的所有原料均不是毒品，也没有用化学方法从上述原料中提取毒品物质，只能以诈骗罪对其定罪处罚。

（二）解决毒品辅料成分鉴定难的问题

司法实务中，存在对涉及的毒品辅料成分不予鉴定的情况。笔者认为，这样做不利于查明犯罪事实，因为无论辅料是用于和毒品混同增重，还是单纯只用于诈骗他人，如果不能查明辅料的成分，则无法对事实予以准确表述和认定。运用现有科技查明辅料的化学成分不是难事，更多需要考虑的是费用问题。虽然毒品辅料的成分范围非常广，一些测试试剂比较罕见且昂贵，但对常见的二甲基砜、N-苄基异丙胺盐酸盐等化工品还是应当予以鉴定，以利于查明犯罪事实。

---

* 孙超，辽宁省铁岭市人民检察院公诉处副处长。

二、毒品案件涉及辅料问题的定性和处理

毒品犯罪中涉及辅料的情形各式各样，按照不同的情形，定性和处理各异。鉴于提香、提色类辅料并不能单独构成毒品犯罪，且相关定性争议不大，因此本文只在更具普遍性的层面，探讨辅料涉及冒充仿制和增重时的相关法律适用问题。笔者认为，应从辅料提供者和辅料使用者两个角度去考量。

（一）上游生产、销售者的行为

该行为包括生产厂家和经销商两个环节：

1.生产厂家。如果生产厂家生产辅料的同时也掺入毒品并销售，直接定制造、贩卖毒品罪即可，但这种情形并不多见。单纯生产辅料、没有任何涉毒意向的厂家，如果正常销售给购买者，购买者在购买过程中只是按照品类提出购买要求的，生产厂家不承担任何责任。对于可能存在的生产厂家明知对方用于毒品犯罪而销售的情形，笔者认为，在探讨之前首先要确立一个常识性前提，既购买者完全可以直接购买，而不必说明真实用途。所以，生产厂家在销售时往往只有怀疑对方可能用于涉毒犯罪这一种可能。但因为国家没有对该品类产品的销售设置限制或禁令，生产厂家即使怀疑购买者可能用于涉毒犯罪，刑法上也无法追究其刑事责任。由于购买者正常购买辅料后实施涉毒犯罪是单独进行的，与生产厂家没有任何共同利益，也没有任何共同的实行行为，销售行为不存在违法性。

司法实践中，存在这样的案例，某经营二甲基砜、N-苄基异丙胺盐酸盐等化工品的经销商，从网上搜到某化工品厂生产此类产品，即与该化工品厂进行网上交易，该经销商加价后销售给某贩毒人员。后该贩毒人员被警方抓获，警方当场扣押从经销商处购买的辅料邮包一公斤。经鉴定，辅料中含有冰毒成分。对此，经销商称辅料系其从厂家直接购买然后加价卖出，并未对辅料进行过任何拆解等行为，而化工品厂称其系正规生产厂家，产品不可能掺有冰毒成分。在这种情况下，对化工品厂、经销商往往只能存疑，因为证据无法证明毒品成分是在哪一个环节被掺入的。

2.经销商。经销商和辅料的生产厂家不同，其行为更随意、更难监管，也更不易取得和固定证据。涉毒案件在案发时往往已时过境迁，很难获得直接的第一手证据来证明案件事实。笔者试从理论上进行分析。

经销商往往进行批发、零售等多种经营，辅料的买卖、包装完全在其掌控之下。这种情形下，如果其与购买者有对辅料涉毒用途的交流，是否应当追究刑事责任？笔者认为，正当的经营行为本身不存在刑事可罚性，而如果与购买者成立共同犯罪，不能只有交流行为，短暂的交流很难构成事实上的合意，交流相关的文字、语音也不宜作为认定涉毒共同犯罪的直接证据，双方必须有明确的共同犯罪故意。通常来说，经销商有下列行为时，可能与购买者构成共同犯罪故意：（1）销售价远高于正常零售价两倍以上；（2）明确知悉购买者对辅料的用途；（3）首次交易后主动联系购买者促成之后的交易。同时，还要求相关行为人到案后能够如实供述并与购买者的供述相互印证，才能构成共同犯罪。之所以证据要求如此严格，是因为仅有意思联络的帮助犯要求行为人须主观恶性明显，达到足以追究的程度，才能依法追究其刑事责任。此

外，对于一些经销商仅居间、不经手货品的销售行为，即使经销商和购买者对辅料用途有过交流，由于更难获得其参与下游涉毒犯罪的证据，通常也不宜定罪。

（二）下游使用者的行为

根据辅料的不同用途，行为可分为：

1.冒充毒品。下游使用者如果是以辅料冒充毒品诈骗他人，笔者认为，其行为可区分以下情形处理：（1）已实施诈骗犯罪的情形，构成诈骗罪无疑。（2）尚未实施诈骗犯罪的情形。如果是首次购买并占有辅料，尚未联系买家，则无论行为人是否对辅料进行称量、分装，是否有他人（上游经销商或者毒友等）证实其有意购进辅料假冒毒品出售，均不能依诈骗罪予以刑事追究；如果并非首次购买并占有辅料，但有多人（一般3人以上，排除诬告陷害的可能且相互印证）证实其实施过以辅料冒充毒品诈骗他人的行为，则可构成诈骗预备，数额可按之前行为的平均售价计算，诈骗对象为不特定的毒友。

2.增加重量。将辅料用于毒品的增重，非常常见，尤其多见于以贩养吸的行为人。对于购买辅料掺入毒品作为毒品贩卖的行为，笔者认为，可区分以下情形处理：（1）行为人购买了辅料，实际控制了辅料，但尚未有毒品可以掺杂增重。这种情况下，正如上文所述，对首次购买并占有辅料的行为人，无法定罪处理。（2）行为人购买了辅料，实际控制了辅料，有毒品可以掺杂增重，有多人证实其从事贩毒行为。这种情况下，笔者认为，行为人惯常居所内的毒品（确有证据证明用于吸食的除外）和辅料共同构成贩毒的数额，且这些毒品已经进入了流通环节，宜全部算做行为人贩毒既遂的数额。（3）行为人购买了辅料，但未实际控制辅料，惯常居所内有毒品，有多人证实其从事贩毒行为。这种情况下，笔者认为，应仅对居所内的毒品作为贩毒数量予以处罚。

财产刑执行检察监督的问题及完善路径

杨海涛　侯林超*

财产刑执行是国家实现刑罚权的重要体现。然而在刑罚执行中普遍存在重主刑、轻附加刑的情况，财产刑空判现象时有发生，财产刑执行难、监督难，影响了法律的严肃性和公平性。笔者基于实践经验，分析财产刑执行检察监督的问题及原因，多维度探究完善路径，以期为提升财产刑执行及监督效果、解决财产刑执行难问题提供策略思考。

一、财产刑执行检察监督中存在的问题

（一）立法抽象，缺乏操作性规范

关于检察机关财产刑执行监督，在刑事诉讼法和《人民检察院刑事诉讼规则（试行）》中规定得比较原则，虽然对财产刑执行检察监督的对象、范围、内容等有所涉及，但对如何启动监督、如不执行且不纠正如何处理等没有明确。实务工作中，由于缺乏立法上明确的规范与赋权，常常面临检察监督权能受限、监督不够规范、选择性监督等问题，执检部门往往仅能监督部分案件财产刑的执行。此外，实践中还因缺乏统一、具体的解决执行难题的操作性规范，客观上增加了执行和监督的难度，主要表现为：（1）涉案被执行人几乎均被羁押，受现实情况影响执行工作往往很难开展；（2）部分刑事案件涉财产执行较为复杂，特别是非法集资类案件；（3）没收个人财产执行往往涉及析产问题，加上与房产等部门尚未建立起协作机制，使实际执行难上加难；（4）部分小额案件执行成本可能远超执行标的，法院对执行存在顾虑。

（二）信息衔接不畅，线索发现不易

财产刑执行的数据大多来自本院案管部门或依据法院判决输入，存在信息录入不完全、不完整的情况。如在X市的财产刑执行监督中，检察机关执检部门基本仅限于通过本院公诉部门或案管部门获取法院的生效裁判信息，对于刑事裁判涉财产部分的执行情况，虽然可通过法院执行部门等外部渠道获取，但存在阻力，信息准确性也较低，导致线索发现不易，这本质上是检法信息衔接不畅的问题。

（三）财产刑执行运行机制未理顺，监督受限

法院刑事审判部门不向立案部门移交财产刑执行事项，不进入执行程序，是财产刑执行监督中发现的较大问题。如X市检察院执检部门曾向下属的区县院执检科发放调查问卷，问卷结果显示，法院刑事审判部门不向立案部门移交财产刑执行事项的原因，主要在于财产刑执行方

---

* 杨海涛，陕西省西安市新城区人民检察院诉讼监督部检察官；侯林超，西安市人民检察院刑事执行检察处检察官助理。

面的运行机制尚未理顺，对于影响案件执结率的较难执行的财产刑执行事项法院执行部门往往不愿受理。另外，监督方式简单，部分执检人员缺乏监督技巧，存在滥用纠正违法通知书和检察建议的情形，导致与部分法院关系僵硬，检察监督受制，被动难行。[①]

（四）监督力度不够，质效不高

财产刑执行监督是执检部门的重要职责，然而由于监督手段欠缺等，导致监督力度不够、质效不高。如 X 市虽然开展了"财产刑执行检察专项活动"，纠正了一些财产刑未执行案件，但多为个案监督，代表性不强，常态化的监督制度尚未建成。调研发现，财产刑执行监督没有明确的操作规范，也缺少成熟的经验可资借鉴，加之检察建议等法律文书刚性不足，一些检察机关对发出的法律文书的回复整改情况又不够重视，法律文书"有去无回"，也弱化了检察建议等法律文书的效力。

二、财产刑执行检察监督的完善路径

（一）加强顶层设计，细化监督规定

首先，由上而下完善财产刑执行监督权能和流程。检察机关开展财产刑执行检察监督需要法律赋予相关权能予以保障，应明确检察机关具有调查取证权。[②]其次，制定专门的《财产刑执行司法协作办法》《财产刑执行析产办法》等，建立统一规范的操作规则，明确公、检、法、司各自职责的同时强化司法协作，并由公、检、法、司、房产、金融等各方合力搭建便捷高效的财产刑执行运行平台和机制，如探索在犯罪侦查过程中一并查明犯罪嫌疑人的实际财产状况，采取相应的查封、扣押、冻结等处置涉案财物的有利措施等。再次，明确小额案件执行问题的处理办法，适当简化不必要的程序，提高执行效果。最后，出台相关解释或文件，增强财产刑执行情况在减刑中考核的比重，尤其是对于有能力却故意不履行财产刑的罪犯从严减刑，甚至限制和不予减刑。

（二）完善财产刑执行监督相关制度

一是建立信息共享机制。在检察机关内部建立公诉案件财产刑裁判信息互通机制，在检察机关与法院之间建立财产刑裁判、执行信息共享机制，对执行不当案件依法处理。检察机关执检部门应定期与相关部门，尤其是法院执行部门、刑事审判部门以及监狱，召开联席会议，努力建立多方沟通机制，共同解决财产刑执行难题。二是赋予检察机关被执行人财产状况查询权。只有了解了被执行人是否有被执行的能力，才能掌握执行机关当执不执的情况。赋予检察机关执检部门查询刑事被执行人财产状况的权力，有利于为解决财产刑执行难创造条件。三是检察机关同步介入财物处置。检察机关执检部门同步介入法院财产评估、拍卖等关键环节，重点对评估、拍卖启动的合法性，评估、拍卖机构确定程序的公正性等，通过走访调查、查看案卷、现场监督等进行同步监督。四是丰富监督方式手段，提高监督质效。建立书面审查和实地核查相结合、定期审查和动态监督相结合的监督模式，综合运用检察建议、纠正违法通知书、

① 参见钱小军、王忠勇：《对当前财产刑执行检察监督的策略思考》，载《中国检察官》2018年第11期。
② 南京市秦淮区人民检察院课题组：《财产刑执行检察监督问题研究》，载《时代法学》2015年第2期。

检察调查等多种监督手段，对执行违法问题及时制发纠正违法通知书，并跟踪监督纠正效果，对带有普遍性、规律性的违法现象及时制发检察建议书，提出监督意见。

（三）健全财产刑执行监督关联保障

一是建立科学的考核及激励机制。财产刑执行和民事案件执行区别较大，如以执结率来考核，有失公平，因此，法院宜建立财产刑执行专门考核机制，以消除财产刑立案执行的顾虑。同时，将财产刑执行纳入检察机关执检部门目标责任考核，并出台制度细化监督方式、期限等。另外，建立激励机制，提高财产刑被执行人主动履行积极性，可将罪犯是否积极自觉履行财产刑作为服刑期间认罪悔罪态度的依据进行考量，进而在减刑、假释的监督提请上予以把握。[1]二是建立财产刑执行信用体系，倒逼履行良性运转。在对监管场所的巡查中，一些罪犯对财产刑部分如不履行是否会限制乘坐飞机、火车以及从银行贷款等存在疑惑，表明其对纳入征信系统存在顾虑。且调研中发现，监管场所中存在"借卡消费"现象，罪犯通过家属分户上账进行消费，逃避履行财产刑判项。因此，应严格收集罪犯日常消费情况、家属上账情况、劳动报酬等材料，通过监督管理财产刑执行信用体系，尤其对有财产刑履行能力而不履行的被执行人纳入个人征信系统，影响限制其日常生活交易，从而倒逼履行良性运转。

---

[1] 参见袁其国：《财产刑执行检察监督的深化与完善》，载《人民检察》2016年第11期。

浅析"法律规定的国家考试"的理解与适用

——以建造师执业资格考试为例

林　国[*]

代替考试罪系刑法修正案（九）新设的罪名，合理界定法律规定的国家考试的范围，对于区分罪与非罪十分重要。目前，尚无立法、司法解释对此作出明确规定。[①]笔者拟以建造师执业资格考试（以下简称"建造师考试"）为例，试谈对法律规定的国家考试的理解与适用。

目前，在我国许多领域都存在国家考试，且分属不同部门主管，大致可分为教育类考试、资格类考试、职称类考试、录用任用考试四大类，共计200多种。建造师考试由人社部、建设部根据《建造师执业资格制度暂行规定》组织实施，属于国家考试，但不能据此认定建造师考试系"法律规定的国家考试"。

一、对"法律规定的国家考试"中的"法律"应作狭义理解

1.立法过程的意见。刑法修正案（九）草案原先将考试的范围界定为"国家规定的考试"，当时就有意见认为，我国考试种类繁多，考试的形式和性质不一，而"国家规定的考试"范围并不清楚，为保证刑法规定的明确性和可操作性，建议对"国家规定的考试"范围予以明确，以便于司法机关适用。[②]另外，"国家规定的考试"表述有歧义，可理解为"国家规定"中的考试（包括行政法规），也可理解为国家"规定的考试"（还包括部门规章），若将"法律规定的国家考试"中的"法律"解释为广义的法律，极易造成概念的混同。

2.文义解释的需要。"法律规定"的表述在现行刑法条文中共出现6处，均无相关解释明确具体含义，且在现行刑法条文中有14处"法律"与"行政法规"并列表述，如"税务机关的工作人员违反法律、行政法规的规定"等。笔者认为，"法律规定的国家考试"中的"法律"应作狭义解释，即全国人大及其常委会制定的法律，否则，不符合立法规范、用语规范等要求，也无法实现同刑法增设代替考试罪的有序衔接。

3.谦抑原则的要求。缩小代替考试罪的考试范围，将行政法规、部门规章规定的国家考试排除在外，并不表示对其他替考行为不进行规制，而是为行政法规、部门规章等设定行政处罚留下空间和余地，这不仅是刑法谦抑性原则的体现，更能够保证刑法与行政法的有序衔接。在

---

[*] 林国，浙江省温州市瓯海区人民检察院梧田检察室副主任。
[①] 史改堂：《代替考试罪的相关问题研究》，载《法制与社会》2017年第5期。
[②] 沈德咏主编：《〈刑法修正案（九）〉条文及配套司法解释理解与适用》，人民法院出版社2015年版，第245页。

代替考试行为入刑后，对其他破坏国家考试制度的行为，并非均不予以刑事手段打击，而是可根据具体情况，分别适用"使用虚假身份证件罪""泄露国家秘密罪"等予以规制。

二、"法律规定的国家考试"的设立应系法律明确规定

法律对相关考试制度的设立应当是非常明确、具体的，一个概括性或倡议性的法律规定显然不能将行业实施的相应考试均认定为"法律规定的国家考试"。

1.现行法律均明确设定了相应的考试制度。从现有规定来看，近20部法律对"法律规定的国家考试"作了规定。如公务员法规定公务员录用考试采用笔试和面试的方式进行；法官法、检察官法、律师法、公证法均规定了相应的从业人员需通过国家统一法律职业资格考试。此外，警察法、执业医师法、注册会计师法、道路交通安全法、海关法、动物防疫法、旅游法、统计法、证券投资基金法等也都对相应行业、部门的从业人员应通过考试取得入职资格条件作了规定。[①]

2.法律的概括性规定仍需通过其他法律予以明确。法律在设定相应的考试制度时均会授权国务院或行业主管部门予以细化，但具体的国家考试制度的确立应由相关法律明确规定。如教育法规定"国家实行国家教育考试制度"。根据中国教育考试网公布的考试项目，国家教育考试目前有普通高考、成人高考、研究生考试、自学考试、中小学教师资格考试，而上述五类考试在高等教育法、教师法中均作了明确规定。

3.部门规章设定的考试只是对法律的执行。立法法第八十条规定："部门规章规定的事项应当属于执行法律或者国务院的行政法规、决定、命令的事项。"如建筑法规定从事建筑活动的专业技术人员，应当依法取得相应的执业资格证书，仅是法律设定的一项行政许可项目，并不代表建筑行业所有考试制度（包括建造师、建筑师、监理工程师、造价工程师考试等）的确立或创设。而《建造师执业资格制度暂行规定》也正是依据行政许可法第十六条规定，在上位法设定的行政许可事项范围内，对实施该行政许可作出的具体规定。部门规章为执行法律规定的许可项目而设定的考试，显然不能改变该考试系部门规章设定的事实。

三、"法律规定的国家考试"同执业资格的关联并不具有唯一性

执业资格是政府对某些责任较大、社会通用性强、关系公共利益的专业技术工作实行的准入控制。执业资格考试由国家定期举行，但其设定和取得并非都需要法律规定。

1.法律并非行业执业资格考试设定的唯一依据。行政许可法规定，尚未制定法律的，行政法规可以设定行政许可。如1995年注册建筑师条例第七条规定国家实行注册建筑师全国统一考试制度，显然符合行政许可法的规定。注册建筑师属于"从事建筑活动的专业技术人员"，理应受建筑法的调整和约束，但建筑法于1998年实施，注册建筑师考试也并未在建筑法实施后进行相应修订，故建筑法显然不能作为已实施两年多的注册建筑师考试设定的依据。

2.考试并非取得执业资格的唯一方式。执业资格一般要通过考试方法取得，但考试并不是

---

① 参见雷建斌主编：《〈中华人民共和国刑法修正案（九）释解与适用〉》，人民法院出版社2015年版，第268页。

取得执业资格的唯一方式，从《建造师执业资格制度暂行规定》《注册建筑师条例实施细则》《注册造价工程师管理办法》等相关规定来看，还存在特许、考核、资格互认等获取执业资格的方式。《建造师执业资格制度暂行规定》也规定，"国家在实施一级建造师执业资格考试之前，对长期在建设工程项目总承包及施工管理岗位上工作，具有较高理论水平与丰富实践经验，并受聘高级专业技术职务的人员，可通过考核认定办法取得建造师执业资格证书。"因此，由建筑法中规定的从事建筑活动的专业技术人员须取得执业资格证书，无法得出必然实行执业资格考试的唯一结论。

3.建造师的历史沿革表明其同建筑法并不具有直接关联。建筑施工企业项目经理为建造师的前身，其确立的依据系1995年《建筑施工企业项目经理资质管理办法》。项目经理资质证书也并未因1998年施行的建筑法而立即发生变化，直至2002年《建造师执业资格制度暂行规定》实施，才标志着我国建造师执业资格制度正式建立，但项目经理制度也未立即废止，而是相应设定了5年过渡期，于2008年2月27日项目经理资质证书才正式停止使用。因此，建造师考试制度的确立只是根据社会发展需要，对执行建筑法相关规定作的一项改革或调整，不能当然地认为建造师考试就是建筑法规定的国家考试。

智慧检务背景下案件管理机制研究

华东升　周　婧*

　　案件监督管理部门作为检察业务信息化应用管理部门，掌握着全院的业务核心数据，在信息化时代和智慧检务建设全面铺开背景下，如何紧扣自身职责定位，创新建立既能强化对检察权运行的监督，又能提高管理效能、促进办案质效的工作机制，是检察机关案件管理工作的一项重要命题。

一、当前案件管理工作中信息化运行现状

　　由于检察业务自身的属性，目前信息收集和共享呈现出相对独立、封闭的状态。从检察机关自身分析，大数据互通也是单向的，上级院可以共享下级院信息数据，反之则不通；在同一地区同级院、不同地区的不同级院之间也未能实现信息共享。此类情形的存在，将制约智慧检务在检察工作中的运用。

　　（一）移送案件受理

　　目前，检察机关不仅受理公安机关移送案件，还受理监委会移送案件。而检察机关统一业务应用系统尚未建立案件受理辅助系统，未能对不同类型案件的受理标准进行明确，导致第一道关口把关不严，案件后续办理难免存在一些问题，如卷宗内缺少必要文书、案件不属本院管辖范围内、不符合立案标准等。

　　（二）案件信息公开

　　自2014年10月安徽省检察院对全省检察机关案件信息公开工作作出统一部署和要求以来，淮南市检察院通过案件信息公开系统共发布重要案件信息600余条、案件程序性信息3100余条，公开法律文书2200余份。工作中具体存在两方面问题：一是程序性信息查询功能使用程度不高；二是文书屏蔽软件常出现不能屏蔽、屏蔽出错的问题，大大降低了公开的效率。

　　（三）业务态势分析

　　随着司法体制改革的全面深入推进，检察机关案件管理模式亟待顺应新形势新要求，但是运行软件更新尚需时日，很多工作尚未实现智能化。业务态势分析中需要大量系统数据，但是实际操作中存在数据比对项不完善、数据不准确的情形，还需要人工核算和修正，极易导致为检察决策服务不精准。

---

* 华东升，安徽省淮南市人民检察院党组副书记、副检察长；周婧，淮南市人民检察院案件管理办公室副主任、案件质量评查办公室主任。

（四）流程监控

《人民检察院案件流程监控工作规定（试行）》对该项工作作出规范化要求，必须要进行实时、动态的监督、提示、防控。自2015年以来，淮南市检察院案管部门发送口头预警提示1200余件次，已纠正1001件次；发送书面流程监控通知书300余份，已纠正并书面回复270余件。与省内其他地市相比，上述数字仍有上升空间。实践中监控员无法做到实时监控每一个在办案件，缺乏时效性，且效率较低。若系统能够进一步完善流程监控，释放大量监控目标由机器实现实时监控，则将大大提高工作效率，更好地实现监控目的。

（五）案件评查

《人民检察院案件质量评查工作规定（试行）》明确要求案件质量评查工作应当坚持人工评查与智能辅助相结合，以网上评查为主、网下评查为辅。自2017年初安徽省三级检察机关设立案件质量评查办公室以来，淮南市检察院共开展常态化评查工作23次，共评查案件近600件，但均未实现网上评查。缺乏专门的网上评查软件，导致目前评查仍以纸质卷宗为主，尚难建成"案件办理全程留痕、程序缺失自动预警、违规办案无法流转"的评查机制。

二、将智慧检务充分运用到案件管理工作的思考

智慧检务在检察工作中的运用是时代发展的趋势，案件管理工作就是要在检察大数据基础上，紧抓办案绩效考核、案件质量评查、数据分析、流程监控等基本职能，深化信息化建设和应用，转变监督管理的理念和模式，充分运用各类软件和信息化平台，建立高质效案管工作新机制。

（一）实现数据互联互通共享

打破检察案件信息壁垒，在检察系统内部建立起合纵连横式的信息共享模式；公、检、法、司等机关建立网络联通，实现信息资源互通；加大对检察机关统一业务应用系统的开发与运用，让检察大数据在办案中更加充分地发挥作用，节约司法成本，优化司法资源，实现司法效益最大化。

（二）建立各类子系统

建立案件受理子系统，在受理同时实现电子卷宗扫描、必备法律文书缺失识别以及管辖范围、立案标准审核等；建立流程监控子系统，利用软件对案件进行动态、实时监控，根据监控内容由系统自动生成流程监控通知书发送至承办人，监控全程留痕将有效改变不愿监控、不敢监控与监控不能的现状；建立案件评查子系统，实现网上评查为主、纸质评查为辅的模式，将评查项目细化至系统中，由软件对案件共性问题、由人工对案件个性问题进行评价，将案件分为不同的评查等次，直接与干警司法档案相衔接，作为判断司法办案能力的主要指标。

（三）整合优化流程监控与质量评查职能

确保案件办理全程实时监控，对各节点易出差错处进行重点防控和预警提示，实现关口前移；建立科学的评查标准，当案件在检察机关统一业务应用系统中被点击"流程结束"后，自动生成待评查案件在案件评查子系统中进行评查，严把案件质效关；同时，建立干警司法档案管理数据库，流程监控与评查发现的案件质量问题同步记录入数据库中。

（四）创新服务新模式

充分利用信息化成果，完善与案件管理工作有关的各项服务，多维度、多层次打造全新服务平台。拓展网站、微信等平台的预约、查询、咨询服务功能，加大电子卷宗系统深层次运用的力度，实现法律文书扫描入库数据化处理等，在司法办案和律师阅卷等方面提供便利、提升效率。

（五）提升数据分析能力

大数据的核心技术在于数据挖掘，即在未知规律的情况下，运用计算能力从大数据中发现规律并发挥规律的作用。检察大数据的表现形式为数字、文本、图像、视频等，覆盖内容包括案卡信息、卷宗文本等，大量庞杂的数据集中在一起，一方面呈现出多样性，另一方面带来混乱性。要挖掘核心数据、发现司法规律、总结司法经验，必然需要智慧检务的介入，将隐藏在大数据背后的有价值的信息进行提取和凝炼，提升数据分析能力，促进案件管理工作新发展。

三、保障智慧检务运行的配套建议

（一）转变管理理念和方式

案件管理部门必须及时转变工作理念，跟紧信息化建设的步伐。要把深化智慧检务建设和运用作为当前和今后工作的重要抓手，不断创新理论和分析方法，注重检察大数据的筛选、分类和运用，完善符合案件管理工作规律的分析模式，加速案件管理工作前进步伐。

（二）更新完善监管权限

随着智慧检务建设进一步深化，对案管工作人员在各类管理软件中的监管权限配置必须进行增设更新。不仅要配置相关业务的查询、监督权限，还要在工作人员之间增设信息数据互通权限。如增设流程监控员与案件评查员之间的权限配置，以完整地评价案件，实现在办案件与办结案件的双重监督；又如在流程监控员与统计员之间进行数据信息共享，以及时对案卡填录、案件流程存在的问题进行逐项排查等。

（三）提高工作人员分析研判能力

运用大数据思维方式对各类数据信息进行分析研判，从中找到对业务监管有价值的内容，是一项需要充分发挥主观能动性的智力活动。张军检察长在2018年6月召开的检察机关智能辅助办案系统建设工作座谈会上提出，智慧检务建设离不开队伍、人才、机制的保障，要吸收检察业务、检察技术都精通的、能提出科学需求的检察业务人才参与。案管部门要顺应智慧检务发展趋势和更高要求，加强人员培训、岗位练兵等，从不同角度打造符合新时期案件管理工作要求的复合型人才和专家型人才。

（四）保障大数据安全

实现大数据整合，为检察机关办案活动带来规范化和科学化的同时，也衍生出一定的风险。在高度信息化的办案环境中，数据丢失、篡改等都将给办案机关带来难以估计的损失，大数据的安全问题不容忽视。要建立完善的安全防范和访问控制机制，关注内外部风险隐患，避免数据被病毒入侵和黑客袭击，防止各类信息化灾难应急事故的发生，着力保障智慧检务建设健康、持续、深入发展。

刑事执行检察跨区域协作机制研究

郝连根[*]

刑事执行检察作为检察机关的重要工作职能，负责对全部刑罚执行活动进行监督，工作职能涵盖面广，特别是新形势、新机遇下对刑事执行检察监督效果的要求越来越高。为了保障刑罚执行的效果，树立刑罚的震慑作用，制定有效的机制是必要的，也是不可或缺的。特别是当问题发生在不同的行政区域时，解决起来会产生重重阻碍，这时建立一套行之有效的跨区域协作机制就显得尤为重要。

一、刑事执行检察跨区域协作机制构建的必然性

改革开放以来长江三角洲、珠江三角洲经济带内的各个省市就已经探索打破地域壁垒、加强沟通协作，在当时的历史条件下这种协作更多的体现在经济层面，但是随着区域内经贸往来的发展，协作的范围越来越广、协作的内容越来越深，从基础设施的建设到户籍上的互相承认，进而出现在司法领域的协作。

而科技发展为跨区域协作提供了可能。一是交通工具种类的增多以及基础设施的日益完备大大拉近了地域之间界限。二是互联网技术的发展为不同区域提供协作的可能。从3G到4G网络不仅仅是网速的提升，更是智能科技的一次跨越，形成了以智能手机为依托，微信、支付宝为代表的应用软件为平台的沟通媒介。随着软件功能的不断挖掘，司法领域特别是执行领域也尝到了科技的便利。三是统一业务软件的适用为跨区域协作提供了直接的可能性。覆盖全国各个检察机关的统一业务应用系统可以说为检察工作开辟了一个新天地，以此平台为基础可以扩展不同地区在某一方面或某几方面的共享，例如剥夺政治权利人员的信息情况。这样便于对在本区域内实施了违法犯罪活动的社区矫正人员和剥夺政治权利人员及时掌控，也可及时通报负责管理的地区的刑事执行检察部门，利于后续的监督整改追责。

二、刑事执行检察跨区域协作机制构建的必要性

当前刑事执行领域存在着一些难以解决的问提，这些问题能够有效的解决直接决定了刑罚执行的效果，也决定了刑法作为最后一道防线的作用能否有效发挥。笔者列举了当前刑事执行领域比较突出的问题，也是检察机关刑事执行检察中存在的重点和难点。

★ 郝连根，天津市静海区人民检察院刑事执行检察部副主任。

（一）财产刑"空判"问题

财产刑"空判"的原因是多方面的，笔者认为执行力度弱是重要原因之一。进行跨区域的信息联系制度，让财产刑能够得到彻底的执行，是使其发挥刑罚作用的必要条件。

（二）羁押必要性审查制度落实问题

羁押必要性审查案件在实际中主要是交通肇事、故意伤害、诈骗、合同诈骗等罪名，特别是交通肇事占很大比例。在实践中，大货车司机因操作不当发生交通事故的情况并不少见，由于大货车司机一般不存在逃逸、饮酒等问题且保险公司基本能赔偿被害人一方的损失，因此基本符合变更强制措施的条件。但是由于大货车司机基本上不是本地人，办案单位在对其采取强制措施的时候较为犹豫，不愿承担传唤不到案的责任。其他案件中，如犯罪嫌疑人或被告人是外地人，办案人员也均有所疑虑。笔者认为，仅仅因为是非居住地就继续采取羁押状态，不符合较少审前羁押的司法精神，也不符合保障当事人合法权益的法律情怀。这就需要建立特定的区域联系制度，对于符合变更强制措施的犯罪嫌疑人联系居住地的刑事执行检察部门，由当地的刑事执行检察部门进行沟通协调，确保有执行机关负责对被取保候审人进行管理。

（三）罪犯又犯罪案件办理的需要

刑事执行检察部门负责对刑罚尚未执行完毕的罪犯又犯罪案件进行批准逮捕和审查起诉。对于在监狱或看守所执行中又犯罪案件，办案单位很明确。但是对于社区矫正人员以及剥夺政治权利的罪犯跨区域又犯罪时关于其罪犯的身份往往并不明确，这样给检察机关办理案件的分配有一定程度的影响。特别是在批准逮捕阶段，由于前科材料尚未调查核实清楚，在相关文书上未明确，导致案件管理部门分配案件中存在错误。由于社区矫正人员涉及在缓刑考验期内又犯罪要撤销缓刑的问题，社区矫正机关以及罪犯对此都较为重视，当发生社区矫正罪犯又犯罪的情况时，社区矫正工作人员往往都及时掌握，通报当地检察机关。但是对于剥夺政治权利的人员来说，他们往往并不重视这些政治权利的有无，不服从管理，执行机关对其行为往往也掌握不清。近年来跨区域犯罪呈上升趋势，罪犯又犯罪案件增多，对社区矫正、剥夺政治权利罪犯的前科信息，如果办案单位不能及时掌握，就成为需要抓紧解决的问题了。

（四）弥补监督漏洞的需要

犯罪行为发生地的刑事执行检察部门了解罪犯已经违反了监管规定，按照相关法律法规的规定应该向执行机关发出检察建议或纠正违法通知书以纠正其监管方面存在的漏洞，但是当地刑事执行检察部门对于此情况并不了解，不能提出纠正意见，这样就变相造成了执行上的漏洞，也让刑事执行检察存在监督不到位、监督力度弱化、虚化的问题。这样就需要建立有效的跨区域通报制度，将本地办理的罪犯又犯罪案件及时向嫌疑人居住地的刑事执行检察部门通报，由当地检察机关向执行机关提出纠正意见，这样既能够及时发现问题，也能及时堵塞刑罚执行漏洞。

三、刑事执行检察跨区域协作机制的构建模型

（一）以统一业务应用系统为依托建立信息通报制度

对于因由社区矫正机关以及公安机关负责执行宣告缓刑、暂予监外执行以及剥夺政治权利的罪犯，刑事执行检察部门的一项工作就是对这些人员建立档案，笔者认为要最大限度发挥该

项工作的作用，可以在统一业务应用系统中设立单独模块，由各基层院刑事执行检察部门将该地监督的社区矫正人员以及剥夺政治权利人员的基本情况进行上传，形成全国性的数据库。这样当一个地区检察机关案件管理部门在受理公安机关移送的批准逮捕或审查起诉案件时，根据身份信息（姓名、身份证号）即可确定其是否属于社区矫正人员或剥夺政治权利人员等等。其优势是：（1）便于案件的分配，适应捕诉一体司法改革以及司法责任制的需要。（2）便于发挥监督效果。以统一业务应用系统为依托的信息通报制度可以发现外地社区矫正人员或剥夺政治权利人员又犯罪的情况下可直接将信息传递给当地刑事执行检察部门，这样便于当地刑事执行检察部门对社区矫正机构通过下发纠正违法通知书、检察建议等方式及时整改堵塞漏洞。此外，还可以对当地刑事执行检察部门进行二次监督。可以以统计数据的形式每月上报最高检进行数据统计，当某一地区被其他地区发出的通知函较多的时候，便表明当地检察机关履行职责不严，可由上级机关进行针对性的巡视整改。

（二）建立跨区域委托调查制度，并将调查情况列入司法业绩

当一个地区刑事执行检察部门收到其他地区刑事执行检察部门发出的是否能够执行取保候审强制措施的协作函后，被通知单位及时与当地公安机关进行沟通联系，并将沟通结果及时反馈给发出协作函的刑事执行检察部门。这样有以下优势：（1）提高工作效率。这种协作函可以通过统一业务应用系统第一时间送达要求协作的单位。这样既省去了邮政方面的路程时间以及不能送达的风险，也可以根据事先设定的办理时间，要求在规定的时间内办理完结，防止了拖沓、不作为的现象。（2）增加成功率。发出协作函的单位对于被协作单位是否有条件能够履行取保候审执行的行为并不清楚。当地往往为了减少麻烦或减少工作风险，不予理睬或简单回复无法保证执行，这样就不能办理羁押必要性审查案件。而被协作的刑事执行检察部门对于当地的情况比较了解，如果公安机关不予协作就需要出具不予执行取保候审的原因说明，对于该说明的真伪，当地刑事执行检察部门往往最具有发言权，这样就能最大限度地保证取保候审强制措施的实施。此外，为了能够发挥被协作刑事执行检察部门工作的积极性，可以将协作成功的案件均进行统计并作为年终考核的一项业务指标或者将之作为检察官的办案数。

除了上述羁押必要性审查案件办理的需要，财产刑执行监督也可适用于调查协作机制。科学有效地利用跨区域协作机制在一定程度上有助于发现犯罪嫌疑人隐匿的财产，对于检察机关监督权威性的树立有着重大影响，为检察机关职能探索开辟了一条新路径。

（三）构建新型罪犯又犯罪案件办理模型

刑事执行检察部门办理的罪犯又犯罪案件包括监管场所内又犯罪案件和监外执行罪犯又犯罪案件。笔者认为，可以探索将财产刑尚未执行完毕的案件也纳入上述办案范畴。缓刑考验期内以及剥夺政治权利期内的罪犯由于有相应的监管单位，其是否执行完毕比较容易调查取证，对于罚金是否已经缴纳，则难以了解，这对于案件管理部门分配案件存在一定难度。笔者认为，建立跨区域协作机制，将财产刑是否缴纳由刑事执行检察部门定期（每周）到当地法院了解情况后，将执行情况上传至统一业务应用系统，形成一个全国性的查询系统，这样案管部门受理有前科且有罚金刑的犯罪嫌疑人后可立刻核实是否已缴纳，可将该案划给刑事执行检察部门。

大数据+检察监督管理运行创新机制探讨[*]

马晓怡　张俊杰　周青叶[**]

随着网络信息技术的不断发展，检察监督管理工作中对信息数据库的应用也日益深入，检察工作中大数据与检察监督管理不断融合，为解决检察监督管理中存在的若干问题、推动检察监督管理有效运行发挥越来越重要的作用。

一、大数据与检察监督管理不断融合的主要表现

大数据融入检察监督管理，就是通过运用信息数据处理使每个案件过程和关键环节都处于受控状态，从而实现精准高效的检察监督和管理，在提高检察工作信息化水平的同时提高检察监督工作质效。近年来，各级检察机关在最高检的领导下，积极探索，创新实践，大数据应用已成为提高检察监督能力的助推器。[①]

比如，在侦查监督方面，广东省深圳市检察机关研发的侦查监督平台可绑定每一起审查逮捕案件，实现每案必监督，并覆盖侦查活动全过程。在刑事执行检察工作方面，在多地试点开展的刑事执行监督信息平台建设使用中，运用大数据对涉及监狱、看守所、社区矫正机构等刑事执行部门的信息进行整合分析，对其可能存在的安全稳定问题以及侵害被监管人合法权益的相关信息进行智能搜索，并对预警信息提示的问题进行核查并确认是否进入立案环节，提高司法规范化，维护被监管人合法权益。在民事行政检察监督工作方面，北京市检察机关的"检立方"决策平台可以对生态环境和食品药品安全领域的违法行为进行筛选，从而发现监督线索，改变过去依靠人力逐一进行线索摸排的传统方式，拓宽发现案件线索的途径，提高工作质效。

又如，在提升办案质量方面，通过大数据应用实现互联网大数据整合和新技术应用，规范刑事证据的收集、提取和审查判断，实现提高刑事案件办案质量的目的，并通过网上案件质量评查系统提高案件评查覆盖面和工作效率。在案件管理工作中，大数据同样发挥着巨大作用。案件智能分流可以实现案件与人员的最佳匹配，辅助办案可以为检察官提供精准的类案推送和规范的办案指引，通过对案件数据进行多维度分析研判，形成标准化办案指南；"全程留痕、节点把控"的流程监管机制为确保案件办理质量以及司法责任终身制的落实提供了制度保障。

---

[*] 本文系2017年度最高人民检察院检察理论研究课题"大数据+检察监督管理运行创新机制探索"（编号：GJ2017D05）的阶段性研究成果。
[**] 马晓怡，河北省邯郸市人民检察院法律政策研究室副主任；张俊杰，邯郸市复兴区人民检察院法律政策研究室副主任；周青叶，邯郸市人民检察院法律政策研究室科员。
[①] 晏向华：《大数据与检察工作融合之道》，载正义网2017年11月9日。

在人员管理方面，借助大数据打造检察人员绩效考核数据库，通过科学的考评指标和量化分析，对检察官、检察官助理及司法辅助人员进行分类、分级的精细化考核，在提高绩效管理效率的同时，激发检察系统内部人员的工作活力。

二、大数据运用于检察监督管理存在的问题

将大数据运用于检察监督管理中，收到了良好效果，但实践中也发现有诸多问题亟待解决：

一是重复管理，统筹协调性不足。主要表现在：检察业务、检察办公、队伍建设、检务保障等"六大平台"的数据链接不充分，检察业务部门与综合部门等的协调配合不充分，缺乏统筹。例如，不同部门在开展相关工作中使用的信息存在交叉或重复的情况，如果相关数据没有进行严格筛选的话，就会存在数据平台中针对某一个案件或者事项的信息重复出现和重复使用的情况，直接影响数据平台的使用效率和效果。

二是数据使用衔接不顺畅，主要表现在行政执法与刑事司法、行政检察衔接不顺畅。例如，公安机关和检察机关对信息的需求不同，刑事拘留信息系统与检察机关的监督信息系统不兼容，充分的信息共享也就无从谈起。同时，不同地域、不同级别的检察机关在数据共享上如何衔接也有待完善。

三是数据采集的科学性不足。例如，针对类案，在信息录入过程中，针对不同时间跨度、适用不同法律规定的信息，是否全部纳入数据平台还没有明确的标准；案件信息采集中，大多运用技术手段对统一业务应用系统中的案件信息进行关联采集，但对于统一业务应用系统上线运行之前的案件信息如何采集使用还不统一。

四是数据设置单一化，质量不高。在检察监督管理工作不断更新，数据信息种类和数据使用需求多样的情况下，科学设置相关数据标准才能实现数据利用效果最大化。如在绩效管理方面，通常情况下将同一部门、相同岗位检察人员的相关数据进行对比并确定相应考评等级，因为相应考评数据缺乏多样性，部门与部门之间的横向比较不足，相同部门不同岗位之间的考核标准和参考数据也不统一。

五是数据实时变化，不能及时迅速调整信息，导致数据不准确。受政策变化、法律修改、信息更新等因素的影响，数据平台需要在第一时间进行相应更新，否则就直接影响后续的参考使用。但在实际工作中，检察监督管理相关的数据系统或平台具有规模大、信息量大等特点，还需要相应的技术支撑实现新旧数据信息的无缝隙对接，这种滞后性就会给数据平台的后续使用效果产生影响。

六是数据的安全保障问题。为确保业务部门更好地利用大数据平台促进检察监督工作，需要解决公、检、法、司部门数据共享交换及安全保密问题；同时，信息安全与信息共享之间存在一定矛盾，对于海量检察数据信息，在数据转换和使用中如何加强网络信息安全技术保障工作也需要进一步探索。

三、进一步推进大数据与检察监督管理机制深度融合

大数据在检察监督管理中具有广阔的适用空间和应用价值，同时也面临一些需要进一步完

善解决的问题。如何扬长避短，加强数据资源整合，促进现代化科技与检察工作深度融合，构建大数据检察监督管理机制，要秉持以下原则：

（一）数据整合的全面性

这里的全面性也就是数据来源的广泛性，要求在建设相应的检察数据平台时，无论是顶层设计还是各地创新，都要在各种因素的考量基础上，确保纳入信息库中的数据在空间和时间两个维度上实现最大化。一方面，要搭建各级检察机关内部的检察信息数据平台，将行使各项检察职能的部门联结起来，同时也要从顶层设计角度实现全国一盘棋。近年来，各地探索创新的"两法衔接"信息共享平台建设为我们进一步打破检察系统内外部信息壁垒，实现最大限度的信息共享奠定了实践基础。在此基础上，要进一步创新技术手段，优化信息共享平台建设。另一方面，要建立、明确大数据运用的统一标准，对大数据本身需要符合什么标准、具备什么特征才能纳入信息共享平台进行规范统一。

（二）数据录入的协调性

这里的协调性，一方面要求在数据信息的采集过程中对同类信息进行归纳，针对不同使用主体的不同业务需求进行科学分类和系统设计，避免信息重复录入；另一方面，还需要处理类案在不同时间段、不同法律适用背景下的协调问题。比如，在刑事诉讼法修改前后，同类案件在事实和证据认定、法律条文适用等方面存在不同，既要进行同案归类，又要在归类的基础上通过严谨的语言定义进行区分，确保后续使用数据时准确有效。

（三）数据使用的准确性

一是要在技术部门与业务部门加强沟通的基础上，就数据使用需求达成共识，不断调整大数据分析模型，构建高效科学的大数据平台；二是要根据法律修改和新规定出台等因素，充分利用最新科学技术提高信息更新速度，最大限度地提高应用平台的鲜活力；三是要求检察人员在进一步提高业务能力的同时，多学习有关大数据及平台操作等新知识，最大限度地提高对大数据信息平台的使用效果，确保搜索采纳信息的真实性和结论的准确性。

（四）数据管理的安全性

其一，要坚持数据信息的保密原则。例如，对于检察机关内部的数据，在不妨碍检察机关各项职能正常发挥的前提下，相应的共享指标可以内部开放；对于部分业务数据，可以通过有关的信息技术手段，通过访问权限管理和控制，对合法用户进行身份认证；同时，要对不同的合法使用用户进行相应授权，确保其在授权范围内进行访问，最大限度地兼顾信息共享与安全。其二，对于检察网络信息安全和保障工作，要在网络隔离、分域防护、访问控制、权限管理等工作的基础上做好信息安全防护创新工作，要在信息安全管控、评估所有存在的安全风险并做好相对措施和手段的前提下最大限度地实现信息共享。其三，加强对检察机关工作人员的培训，强调检察人员对个人信息保护的重要性认识，切实做好对有关当事人信息和隐私的保护。要针对具体办案人员、安全管理人员、网络管理员等不同职能和身份的人群进行安全培训和教育，在提高各使用群体操作技能的同时，提高其信息安全保护意识。

刑事执行检察工作项目化管理的实践探索

湖北省人民检察院汉江分院课题组*

一、刑事执行检察工作项目化管理的阶段性探索

2015年12月，最高检印发了《关于全面加强和规范刑事执行检察工作的决定》，明确规定了刑事执行检察的11项主要职责。2016年12月，全国检察机关统一业务应用系统执检子系统研发完成并上线运行，将刑事执行检察相关职能明确为十五类、十九种案件，后续又根据工作实际，增加了备案审查案件、请示案件和检察建议等三类案件，共计二十二种案件。

执检工作案件种类繁多，为工作任务的部署落实增加了难度。为进一步明确责任，切实将各项工作落实到位，湖北省检察院汉江分院执检部门从2016年开始对执检工作实行项目化管理的必要性和可行性进行了研究，并结合汉江实际探索实践执检工作项目化管理。

（一）启动阶段

1.必要性与可行性分析。（1）有助于有针对性地开展工作。执检工作内容广泛、种类繁多，实行项目化管理，将每一项工作职能当做一个子项目推进，有助于进一步理清工作思路、明确工作重点，有针对性地开展具体工作。（2）有助于落实司法责任制。随着司法体制改革的不断深入，执检工作模式也逐步由以办事为主向以办案为主转变。实行项目化管理，工作项目细化分解后将责任明确到人，完全符合司法责任制的要求。（3）有助于适应检察工作信息化要求。全国检察机关统一业务应用系统执检子系统的全面上线运行，对执检工作提出了新的更高的要求。按照执检子系统的案件类型设置，实行对应的子项目管理，有助于全面提升执检工作的信息化水平。

2.确定项目总体目标。总体目标是项目管理的核心，确定总体目标是执检工作实行项目化管理的关键。为了找准定位，汉江分院认真分析了汉江检察机关执检工作的实际情况：一是案件基数较大。辖区范围仙桃、潜江、天门三个直管市，县域经济发达、人口众多，刑事案件发案数较高。近年来辖区年均批准逮捕人数在1200人左右，年均起诉人数近2000人，看守所常态羁押人数在1200人左右，汉江监狱在押犯保持在1600人左右，监外执行人员保持在1600人左右。二是基础较好。下辖三个基层院在全省均位于中上等次，其中，仙桃市院、潜江市院曾获"全国先进基层检察院"称号，潜江市院驻看守所检察室被最高检评定为"一级规范化检察

---

* 课题组成员：吴忠良，湖北省人民检察院汉江分院检察长；谢支清，湖北省人民检察院汉江分院侦查监督处处长；程超平，湖北省人民检察院汉江分院监所检察处处长；潘驰，湖北省人民检察院汉江分院法律政策研究室检察官助理；陈嘉，湖北省人民检察院汉江分院驻汉江监狱检察室检察官助理。

室"。三是队伍素质较高。汉江两级院党组高度重视执检工作，以司法体制改革为契机，选好配强执检队伍。目前，两级院执检部门现有干警19人，40岁以下8人，大学以上学历16人，入额检察官8人。结合汉江分院党组提出的打造一流检察机关的要求，以及汉江检察在全省的体量和地位，汉江执检工作项目的总体目标确定为争创全省一流。

3.调配项目资源。执检工作项目所具备的资源主要包括人力资源和时间资源。人力资源方面相对固定，两级院执检部门全体工作人员和分管院领导都是项目的实行者。时间资源方面，结合检察工作性质和考评周期，决定以年为单位安排项目总体实施进度，以月和季度为单位具体确定项目进度。

（二）计划阶段

1.确定子项目内容。以执检子系统划分的案件类型为基础确定子项目，每一个子项目都作为一个单独的量化内容进行管理。

2.确定子项目目标。为了合理量化标准，按照以下步骤进行分析研究，确定子项目目标：

（1）围绕总体目标，初步拟定项目基数。结合全省及汉江检察业务数据情况，初步确定以近3年汉江执检工作各项业务数据平均值为基准，按照1.5倍的比例确定各子项目具体量化指标。（2）征求多方意见，研讨修订量化指标。将初步确定的指标下发基层院征求意见，并多次召集相关人员研究磋商。比如，有意见提出，前几年财产刑执行检察工作基本上没有开展，按照1.5倍基数确定的量化目标不符合当前检察工作实际。由此进行相应修改，重新确定财产刑执行检察工作的具体量化指标。（3）结合工作实际，分类确定项目目标。一是根据具体项目的性质确定项目目标。如就查办职务犯罪、刑事执行违法（违规）案件、监外执行（社区矫正）违法（违规）案件常规工作，确定具体的量化指标作为项目目标；就事故检察案件、被监管人死亡检察案件和控告、举报、申诉案件等，根据实际，以"应审尽审"为原则确定项目目标。二是根据两级院执检部门的职能确定项目目标。如汉江分院没有对应的监外执行（社区矫正）机构，即未设置相关项目目标。

3.分解具体项目责任。（1）责任到人。以项目明确责任，以责任促进落实，将子项目按照两级院各自目标分配到人，每一个子项目确定1名一级负责人和1名二级负责人，其中，一级负责人一般为员额检察官（职务犯罪查办等重点工作安排分管院领导为一级负责人），二级负责人一般为检察辅助人员。（2）进度到月。以统计年度为周期，将具体量化标准按月分解，明确工作推进的路线图和时间表，采取周部署、月检查、季通报、半年督察、全年考核相结合的检查督促手段，确保各项目按时推进、全年完成。（3）考核到位。全部子项目纳入汉江分院业务考评，量化标准为得分基点，完成加分，未完成不得分；项目完成情况直接作为评价负责人个人业绩的基础，员额制检察官纳入个人业绩档案，检察辅助人员纳入晋升管理，且与年终的责任制奖金直接挂钩。

（三）执行和控制阶段

1.适时召开会议推进和坚持开展巡视检察，实现督促指导常态化。2017年3月，召开汉江执检工作会议全面推进项目化管理工作；2017年8月，针对上半年工作进度不理想的现状组织召开项目化管理工作推进会，督促各院补短板、抓落实。同时，按照最高检要求坚持每季度对基层开展巡视检察，全面检查各院执检工作开展情况，按照项目化管理目标对进度滞后的工作进行分析总结和督促指导。

2.针对基层执检工作面临的具体问题开展专项督办，实现督促指导实体化。2017年，汉江分院执检部门针对交办案件线索到一线指导5次，其中直接提审3次；听取基层院案件情况汇报4次，赴省院汇报案件情况3次，对案件办理过程中遇到的具体问题及时提出指导意见，推动案件办理。针对前三季度羁押必要性审查案件办理情况不理想的状况，在第四季度有针对性地开展羁押必要性审查专项办案活动，2017年9月－12月共办理羁押必要性审查案件66件66人，有效弥补了工作短板。

（四）收尾阶段

在两级院执检干警的共同努力下，2017年项目化管理目标基本实现，绝大多数子项目完成度超过100%，主要业务数据同比增长30%以上，取得了较好的成绩。其中，监督纠正减刑、暂予监外执行不当49件49人，同比增长66%；办理羁押必要性审查案件134件，同比增长65.43%；办理刑事执行违法（违规）案件226件，同比增长55.86%；办理监外执行（社区矫正）违法（违规）案件177件，同比增长32.09%。年终考评时，按照各院执检工作项目化完成情况进行等次评定，同时，将项目完成情况通报各院主要负责人，并建议对未完成项目的负责人的业绩考核不得评定为"优"等次。

二、完善刑事执行检察工作项目化管理的思考

执检工作实行项目化管理以来，各项具体项目推进顺利，业务工作总体提升较大。但在实践过程中，也暴露出了一些突出问题，影响和制约了项目化管理的成效，需要进一步完善。

（一）增强项目和目标设置的科学性

1.实现目标设置的全面性。结合工作实际对项目设置进行调整，使其能尽量全面地涵盖执检工作的各项职能，通过项目管理反映出实际工作成果。如罪犯又犯罪案件，由于不是执检子系统的案件类型，在起初设置子项目就出现了遗漏。

2.区别目标设置的阶段性。对于分为多个阶段的案件，如减刑、假释案件或者暂予监外执行案件，要正确理解各阶段的工作任务，根据各阶段工作职能合理设置项目目标。如减刑审查案件，在设置目标时尚未通过执检子系统实际办理案件，在提请审查（开庭）阶段设置了48件纠正意见的任务目标，而在实际办案中，任务主要集中在提请减刑的审查阶段，所提纠正意见被执行机关采纳后，在提请审查（开庭）阶段已无不当，项目任务目标实际无法完成。在2018年设置子项目时，则未分阶段设置减刑、假释和暂予监外执行案件子项目，而是综合设置了监督纠正减刑、假释和暂予监外执行不当的子项目。

3.注重目标设置的指导性。对于需要量化的项目目标，结合工作实际合理确定具体项目的量化指标，避免出现指标过低或者过高现象，导致实际工作进度滞后或目标无法完成，确保量化指标具有指导意义。

（二）提升项目管理手段的实效性

1.着力畅通渠道。过于注重要求基层院落实执行，容易忽视工作中的沟通协调。要建立常

态化的信息沟通交流机制，畅通信息和决策交流渠道。如针对羁押必要性审查案件，上级院应帮助基层院加强与公安机关、法院等部门的沟通协调，提高建议采纳率。

2.强化过程管理。从项目化管理的实践来看，存在过于注重子项目量化指标任务的完成，忽视过程规范的情况。要加强对项目进行过程的监督和管理，加强规范意识和责任意识，会同案管部门加强案件质量评查，着力提高执检工作司法规范化水平，提升案件办理质效。

3.突出工作实效。过于注重业务数据的高低，容易忽视具体业务工作的督促效果。要加强对基层院具体业务工作的督促指导，加强对基层执检工作的巡视、巡查力度，及时发现和解决工作中存在的突出问题，确保监督落到实处、取得实效。

（三）强化项目管理的信息化应用

实行项目化管理的初衷是通过大数据分析，合理调配资源、细化责任、提高工作质量和效率，因此，项目化管理离不开信息化的支撑。而从项目化管理的实践来看，量化目标设置、数据统计分析、考核评价工作的信息化程度不高，离目前大数据、智慧执检的要求还有一段距离。鉴于此，要严格按照要求，使用统一业务应用系统执检子系统办理案件，规范填录各类案卡数据，确保系统统计数据与实际办理数据一致，使数据能够真实反映工作情况；积极推进智慧执检建设，全面提升执检业务信息化水平，提高执检工作效率；利用信息化手段加强对业务数据的分析研判，及时发现工作中存在的问题和短板，及时加以解决。

（四）完善项目考核结果的运用

1.处理好项目考核与业务考核的关系。可考虑在业务考评中额外增加项目考核要求，根据具体项目完成情况额外采取加减分的形式，使项目完成情况能够反映在业务考核中。

2.处理好项目考核与负责人个人考核的关系。执检部门要积极争取政工人事部门的支持，将项目考核结果与个人业绩考核挂钩，使项目责任落到实处。

3.建立考核结果综合分析处理机制。为充分发挥考核的促进和激励作用，要认真分析研究考核结果，总结好的经验和做法，提出改进工作的建议，并及时向考核对象反馈，由其研究落实整改措施，形成持续改进工作的良性循环机制。

打造"1+6"检察公益诉讼样本，实现有效监督

丁海江*

2017年全国检察机关全面开展公益诉讼工作以来，河南省中牟县检察院高度重视公益保护工作，把公益诉讼作为检察工作新的增长点和转型发展的着力点，聚焦重点领域，把握重点环节，强化法律监督，加强检察建议办理，努力打造"1+6"检察公益诉讼工作样本，初步实现公益诉讼流程规范化、监督精准化、保障制度化、队伍专业化。

一、以办案为中心，在监督中办案，在办案中监督

"1+6"中的"1"是指一个中心，即以办案为中心。中牟县检察院主动运用督促履职检察建议，围绕公益保护，办大案、办有影响的案件、办贴近民生的案件。一是强化沟通协作，积极推动公益诉讼诉前程序。截至2018年10月中旬，中牟县检察院共提出督促履职检察建议84份。在国有财产保护方面，在对国有土地出让金及滞纳金领域的诉前程序中，与县国土资源局积极沟通，形成共识。该局主动作为，在全县范围内开展国有土地出让金及滞纳金的清缴专项活动，追回3亿余元。同时，重点关注民生领域，调查发现中牟县贾鲁河岸一隐蔽地方堆积一座长达2年之久的煤灰山，严重污染土壤和环境。中牟县检察院立即启动诉前程序，督促相关责任单位切实履职，及时清理。二是坚持法治底线，审慎启动公益诉讼起诉程序。中牟县检察院在公益诉讼案件涉及领域行政执法监督专项行动中发现，县人防办存在不当履行职责，致使3700余万元应缴费用流失的情形。依法向县人防办发出督促履职检察建议后，该机关仍怠于履职。在省、市检察院和中牟县委的领导下，中牟县检察院依法提起行政公益诉讼。中牟县法院对此案开庭审理、当庭宣判，支持检察机关诉讼请求。三是对接公益诉讼程序，把握公益保护实质。积极与法院及有关行政机关沟通协作，合力推动公益保护。在办理河南省首例刑事附带民事公益诉讼案中，中牟县检察院主动和中牟县法院、县林业局沟通，委托专业机构制定环境恢复方案。中牟县法院开庭审理，判处被告人刑罚并责令其限期恢复林地原貌，实现了法律效果、社会效果和生态保护三者的有机统一。

二、构建"六个支撑"，有效形成合力，实现双赢多赢共赢

"1+6"中的"6"是指"六个支撑"。一是政策支撑。2018年3月，中牟县委、县政府出台支持检察机关开展公益诉讼工作的文件，要求全县行政机关积极支持检察机关开展公益诉讼；

---

* 丁海江，河南省中牟县人民检察院检察长。

设立"公益诉讼基金账户",将公益诉讼中所需调查取证、鉴定评估等费用纳入财政预算,给予检察公益诉讼工作有力支撑。二是案源支撑。中牟县检察院与县监察委员会签《关于案件办理及线索移交工作衔接办法》,实行案件线索双向移交;微信公众号开设"中牟检察公益诉讼随手拍"栏目,在12309检察服务中心设立公益诉讼举报窗口,线上线下两个渠道,鼓励社会各界和人民群众积极提供公益诉讼线索。中牟县建设局施工环境污染案,就是12309公益诉讼举报窗口受理的群众举报线索。中牟县检察院向中牟县建设局发出督促履职检察建议后,建设局对涉案污水进行清理,并对施工方处以罚款,收到群众的好评;由民行科牵头,与侦监、公诉、控申等部门建立案件信息共享制度,有效拓宽公益诉讼案件线索来源渠道。三是理论支撑。注重公益诉讼理论研究,将理论研究作为公益诉讼办案工作长足发展的重要支撑。聘请十多位专家学者为中牟县检察院理论咨询委员会委员,成功承办了河南省"检察公益诉讼与转型发展"学术研讨会,建设"检察公益诉讼实践基地",不断提升公益诉讼的创新实践和理论指导水平。四是科技支撑。扎实开展"科技强检"活动,加强智能办案辅助系统的建设开发,积极承担起河南省检察系统"公益行政检察监督信息平台"创新试点工作,建设与"两法衔接"平台和统一业务应用系统兼容互通的公益诉讼智能辅助系统。如中牟县检察院办理的非法采集地下水系列案,就是通过该系统发现的线索。向中牟县水务局发出检察建议后,该局对49家涉案企业均依法予以处理。五是协作支撑。牵头建立公益诉讼联席会议制度,设立了公益诉讼领导协调小组。中牟县常务副县长和政法委书记共同担任领导协调小组组长,县人大副主任、法院院长和检察院检察长担任副组长,全县37位行政机关负责人为成员,建立健全长效协作机制。在办理诉人防办行政公益诉讼一案中,由常务副县长召开领导协调小组会议,解决了需要各部门相互协调配合的一些问题,确保庭审顺利进行。六是实效支撑。充分认识公益诉讼裁判执行实效的重要性,切实做好公益诉讼的判后执行监督。办理的朱某某刑事附带民事公益诉讼判决生效后,联合中牟县法院强化跟踪监督,督促当事人全面履行生效判决,中牟县法检"两长"会同相关主管部门,邀请人大代表、政协委员亲临现场,对土地恢复状态进行检查验收,确保取得实效。

公益诉讼是各项检察监督工作中更带有主动性的诉讼职能。公益诉讼,特别是行政公益诉讼,监督的对象是政府及其部门的履职行为。检察机关与被监督者的工作目标、追求效果本质上是一致的,要把诉前程序作为开展工作的重中之重,检察建议发出后,努力协调、促进落实,提起诉讼是最后选项,必须把握好原则,拿捏好分寸,确保办案效果。

以危险方法危害公共安全罪的实践认定研究

邢小兵　张仁杰　李德胜*

一、北京市大兴区近5年以危险方法危害公共安全犯罪的整体态势

（一）案件办理的整体情况分析

从司法实践看，以危险方法危害公共安全罪的实践滥用问题明显。近5年来，北京市大兴区检察院受理"以危险方法危害公共安全罪"案件15件15人。以该罪批准逮捕的4件4人，捕后以该罪起诉判刑的3件3人，以其他罪名起诉判刑的4件4人，以他罪处理的具体罪名涉及过失爆炸罪、故意毁坏财物罪、危险驾驶罪、妨害公务罪、寻衅滋事罪和敲诈勒索罪；以不构成犯罪或证据不足处理的7件7人，明显高于同期其他案件的不捕率，可见以此罪规制的实践认定难度大。

（二）具体犯罪行为模式及办理情况梳理

从受理的案件看，公安机关提请逮捕或移送审查起诉的案件，主要涉及以交通运输工具为载体危及公共交通安全、以易燃易爆品为工具危及特定群体性场所的公共安全，以及采用非典型形式危及不特定区域的公共安全。

1.以危害公共交通运输安全形式危害公共安全。从近5年办理的案件看，与公共交通工具密切相关的此类型案件，共4件4人，经审查后，认定涉嫌此罪的2件2人。但此种形式危害公共安全的案件，不但检警分歧较大，而且检察机关内部的捕诉认知也不尽统一。比如，温某某案就是乘客暴力袭击公交司机危及公共安全的案件。该案中，温某某酒后乘坐公交车时与司机李某发生口角，在临时驻车时冲到驾驶位殴打李某致车辆失控冲入路边水沟受损。该案中，公检法三家办案人员认知一致，温某某因犯以危险方法危害公共安全罪被判处有期徒刑三年。而赵某某则表现出办案人员对危险相当性的不同研判。赵某某醉酒后强行冲撞酒驾临时检查站时车辆左侧轮胎被防逃钉损毁，在民警驾车追赶时，赵某某多次以遇路口就左转的形式闯红灯。赵某某逃窜时剐蹭他人车辆，并撞击堵截的警车。审查逮捕阶段，以危险方法危害公共安全罪批捕赵某某。审查起诉阶段，以危险驾驶罪和妨害公务罪起诉赵某某，法院判决同意了起诉意见。显然本案的案件事实相对明确简单，问题的关键在于评判赵某某驾驶安全性能严重受损车辆在诸多车辆通行的路上逃跑并剐蹭路边车辆和撞击警车的行为是否严重危及了公共安全，是

---

* 邢小兵，北京市大兴区人民检察院副检察长；张仁杰，北京市大兴区人民检察院审查逮捕部主任；李德胜，北京市大兴区人民检察院审查逮捕部检察官助理。

否可纳入以危险方法危害公共安全罪所规制的"其他危险方法"。

2.以燃烧汽油、煤气等瞬间易燃易爆品危及公共安全。以燃烧汽油、煤气相要挟危害公共安全的案件共计8件8人，此类案件的嫌疑人均伴随着某些特殊的利益诉求。一是以泼洒汽油自杀相要挟索要不正当利益。二是以燃放煤气相要挟索要个人合理工资。三是以自焚相要挟索要被民警查扣的个人财物。如方某在某电子游戏厅玩捕鱼游戏输掉90余万元，此后多次以游戏厅作弊为由要求返还50万元未果。2017年11月29日，方某携带10公斤汽油到游戏厅索要钱款，在索要过程中将汽油泼于自己身上，并持打火机威胁游戏厅负责人薛某某，后方某被现场人员控制。方某被以敲诈勒索罪起诉。

3.以其他非典型形式危及公共安全。涉及以非典型方式危害公共安全的案件共计3件3人。一是以车辆撞击相关场所的形式危及公共安全。二是以非法航模活动危害特定区域航空飞行安全。三是从高空随意扔弃相关物体危害特定区域的公共安全的。如白某某因车辆购置问题与某汽车4S店发生纠纷，多次协调未果。2016年3月11日13时许，白某某电话通知4S店前台有人要撞击展厅，并驾车冲入该4S店的一层展厅，对展厅的电动玻璃门、前台设备进行撞击，造成财产损失人民币7万余元。公安机关认定白某某构成以危险方法危害公共安全罪，后检法均认定构成故意毁坏财物罪。

二、以危险方法危害公共安全罪的实践认定问题分析

（一）司法适用的口袋罪化

从近5年审查情况看，该罪在司法实践中的口袋罪化倾向明显。既有不当扩张该罪的犯罪构成要件，将以他罪无法进行规制的特定行为意图纳入此罪规制；也有模糊行刑空间，将本应行政处罚行为刑事处罚化。比如，2017年11月28日22时许，刘某某在北京市某服装厂内，因劳资问题与工人发生矛盾，将食用油泼洒室内堆放的棉质物上，使用打火机欲点燃时被制止。公安机关以刘某某涉嫌"以危险方法危害公共安全罪"提捕，审查后作出了不构成犯罪不批准逮捕的处理决定。显然本案中，刘某某的行为应纳入放火罪评价，但因相关火情并未产生，未给社会公共安全造成实质性损害或紧迫性危险，其行为无法纳入放火罪评价。

（二）犯罪构成要件解读的抽象化

构成要件本应是限制司法感觉化的重要工具，但"以危险方法危害公共安全罪"的构成要件却因阐释的抽象化而被不当扩张滥用。理论界与实务界围绕"其他方法"对该罪的构成要件阐释争议颇多，部分司法实务人员深陷抽象危险的窠臼，办理具体案件时抽象化解读该罪的法益侵害结果或侵害危险，导致他罪行为此罪化。比如，上文提及的白某某案，侦查机关认定构成此罪就存在抽象解读该罪构成要件的问题，离开具体的案件细节抽象地评判公共安全受侵问题，实际上是脱离犯罪构成要件的感觉化司法，将故意毁财行为评价为危害公共安全的行为。

三、司法实践问题成因探析

从司法实践的具体处理情况看，以危险方法危害公共安全罪的审查认定乱局，既有深层次

的立法规制与理论认知问题，也有实践执行异化问题。

首先，司法实践受惑于"以危险方法危害公共安全罪"的刑法理论认知分歧，深陷抽象危险犯与具体危险的争议窠臼，未能结合实践形成统一的审理标准。如果司法者立足于法益侵害风险的控制这一价值追求，那么对"以危险方法危害公共安全罪"的解读就会选择抽象危险犯的解读立场。若立足于相关法益的具体保障，则对该罪的解读就会选择具体危险犯的立场。因为刑事归责实质上是生活事实的日常世界与刑法规范的规范世界的不断沟通过程。[①]理论研究与司法实践应在建构形式理性的同时，兼顾实践理性；实践裁判规范建构应不断在实践理性与形式理性之间往返，不断倾听形式理性的内在逻辑，不断反思实践理性的可行性与合理性。而该罪的司法实践处理却未能有效实现这种融合。一方面，理论研究过于注重形式理性思辨，缺乏实践理性指导。刑法理论界对"以危险方法危害公共安全罪"的研究多集中于评判司法实践问题，而对于如何从该罪的规制目的和规范逻辑出发，建构实践裁判规范，则研究不多。另一方面，司法实务人员受惑于理论争议，无法有效结合实践案例，形成具有实践理性内涵的裁判规范。刑事裁判是一种具体化和情境化的规范寻找与解释对话，归责的准确性受司法实务人员自身素养影响较大。但部分司法实务人员对该罪的构成要件和法益内涵认知不一，缺乏系统的研究和思考，受困于具体的理论争议困扰，未形成有效的实践指引裁判原则。

其次，该罪的构成要件规制相对原则和模糊，罪行结构和行为方式不明，给"其他危险方法"的理论阐释与实践应用留下了较大空间，为部分司法实务人员不当解读该罪的构成要件提供了便利。无论是理论评判还是司法实践判例，均暴露出刑法规范的实践应用解释权被司法实务人员滥用。规范解释实质上是规范与事实的不断融合修正的过程，个案裁判者的目光不停地往返于法律规范与案件事实之间，规范内涵被不断地澄清、填充、具体化和精确化[②]。然而这种规范解释自由却容易被办案人员滥用。从实践看，有的公安人员利用该罪的兜底性立法规制功能，对相关行为的法益侵害性理解和把握过于抽象化，不当扩大解读该罪的构成要件，将一般的行政违法行为纳入刑事处罚范围。这既脱离了法律条文规范的内在逻辑，违背了刑法规范解释对合目的性、正义性与安定性的内在要求，也严重悖于人们的基本情理认知，不符合司法办案的常识、常情、常理。

再次，抽象危险犯的思维认知导致该罪的实践误用和针对性侦查取证不足。一方面，抽象危险犯的理论认知定位导致司法实务人员对抽象性公共安全危险的其他犯罪也纳入该罪进行评价，特别是对于有一定公共安全危险的寻衅滋事、醉酒后交通肇事、故意毁坏或盗窃特定公共设施的犯罪纳入此罪评价。比如，将故意毁坏不特定群体财物的寻衅滋事行为或者盗窃公共道路上市政井盖的行为以此罪予以规制。另一方面，司法实务人员对该罪的抽象危险犯认知导致侦查取证懈怠或不足，进而无法具体评判相关行为的法益侵害相当性。司法实践认定的关键在于相关犯罪行为所造成的具体侵害或危险状态判断，而危险状态的判断实际上

① ［德］阿图尔·考夫曼：《法律哲学》（第二版），刘幸义等译，法律出版社2011年版，第150页。
② ［德］卡尔·拉伦茨：《法学方法论》，陈爱娥译，商务印书馆2003年版，第14页。

是一种情境化的判断，这种判断必须以相应的证据材料做支撑。但在抽象危险犯思维主导下，侦查取证工作并未围绕犯罪行为所制造的危险情境为中心进行取证，必然影响后续的具体判断分析。

四、规范司法实践应用思考

（一）以具体危险犯立场实质化评判具体的危害行为

刑事立法对"其他危险方法"的规制是以罪名外的同类犯罪行为方式和法益侵害程度为参照的，以危险方法危害公共安全罪依附于放火罪、决水罪、爆炸罪、投放危险物质罪而存在①。司法实务人员解释具体案件中的"其他危险方法"时应规范性地考量该行为是否具有与放火、爆炸、决水等行为同质的危险相当性与法益侵害性。鉴于我国刑法中的危害公共安全犯罪大多是具体危险犯，甚至是实害犯，②作为与放火罪、决水罪具有罪质等同性的犯罪，以危险方法危害公共安全罪也应是具体危险犯。因而结合具体案件评判行为方式和相应危害结果是否符合本罪的构成要件时，就应立足于具体危险犯的立场，结合具体的犯罪情境和行为手段分析手段行为的危险相当性和结果的法益侵害相当性，而不适宜把此罪解读为抽象危险犯，过于抽象地分析研判相关行为手段的法益侵害程度，忽视该罪与其他危害公共安全罪的罪质相当性。若坚持抽象危险犯的立场则会过于宏观地评判行为危险性程度，容易不当扩张以危险方法危害公共安全罪的规制范围，则极易陷入有危害公共安全的潜在风险就犯罪化，导致构成要件完全被虚置。

（二）综合主客观因素评判相关行为的法益侵害程度

评判行为人的具体行为是否造成了可入罪的法益侵害后果，应坚持客观主义的立场，对其他危险方法进行限缩解释，既要考量行为人危害公共安全的主观恶性，也要考察具体行为手段的危险性。一方面，行为人犯罪意图的坚定程度决定了犯罪手段的选择与风险现实化的可能性。从司法实践看，多数积极追求型案件在行为手段上存在严重的危险性。比如驾驶汽车冲撞人群、持刀在人群中乱砍、在人员聚集的公共场所自焚等行为，此类行为手段本身就颇具危险性，危害结果与危险行为往往伴随发生，此类案件中行为人危害公共安全的故意明确，意志相对坚定，主观恶性重，行为手段的危险性大。另一方面，一些放任型危害公共安全行为的法益侵害程度虽较难判断，但可结合手段的危险性与危险状态的持续性综合评判法益侵害程度。比如，殴打正驾驶车辆的公交司机、高速公路碰瓷诈骗、私拉电网狩猎等系列案件中行为人虽是积极追求其他目的，但却放任危害公共安全的法益侵害结果发生，即使危险行为与危害结果的伴随性并不明显，但行为造成的危险状态却相对明显，法益侵害状态的严重性程度还是有可供分析的客观性基础。

（三）坚守刑法的谦抑性底线

刑法谦抑性要求对某种危害社会的行为，只有在运用民事、行政等手段，仍不足以抗制

---

① 陈兴良、周光权：《刑法学的现代展开Ⅱ》，中国人民大学出版社2015年版，第171页。
② 陈兴良、周光权：《刑法学的现代展开Ⅱ》，中国人民大学出版社2015年版，第174页。

时，才能运用刑法将其犯罪化。[①]但司法实践中，部分办案人员将本不应作为犯罪处理的行为或本应为其他轻罪规制的行为纳入以危险方法危害公共安全罪规制，显然严重违背了刑法谦抑性原则，危及了刑法适用的公正性。笔者认为，应当综合考量犯罪行为手段的危险性和具体法益侵害的现实紧迫性，着重从两个方面坚守刑法谦抑性的实践底线：一方面，要注重行政、刑事案件的区分，着重审查一些危害性不大、无具体危害后果的行为是否属于行政处罚评价的事宜。特别是着重审查前一办案程序的办案人员是否存在不当解读该罪的构成要件，滥用该罪规制本应纳入行政处罚评价的行为，围绕相应危害行为的实质危害性大小，审查相关行为是否必须纳入刑法予以评价。另一方面，要着重区分此罪与彼罪。审查是否存在将本应是爆炸罪、放火罪或其他危害公共安全犯罪的预备行为、未遂行为作为此罪的既遂行为予以评判，以及区分此罪与他罪的构成要件，特别要注重此罪与故意毁财犯罪、毁财型寻衅滋事犯罪的区分。

---

① 陈兴良：《刑法哲学》，中国政法大学出版社2009年版，第8页。

危险驾驶犯罪法律实施有效性的规制

天津市宝坻区人民检察院课题组[*]

法律的生命在于实施，法律的权威也在于实施。纵有良法，若法律实施效果达不到立法预期，则法律的权威乃至其存在价值也必然被撼动，这就涉及如何评价法律实施的效果问题。笔者从危险驾驶罪的法律实施状况切入，分析了危险驾驶案件高发的主因在于法律实施弱化，并从有效性角度提出了实践规制思路。

一、危险驾驶案件高发及反思

危险驾驶罪从 2011 年"入刑"，到 2015 年刑法修正案（九）进一步完善，在弥补立法缺口、维护法治统一和社会公共利益等方面发挥着重要作用。[①]但经调研发现，天津市宝坻区人民检察院 2014 年受理的危险驾驶罪案件量占全年案件量的 17.9%，2015 年为 20.3%，2016 年为 31.6%，2017 年为 35.6%，2018 年前三季度达 42.7%。可以看出，在危险驾驶罪立法实施 7 年之后，危险驾驶行为——据统计，绝大部分案件为醉酒驾驶机动车——仍然频繁发生而且逐年增加。固然，危险驾驶案件高发与区域范围内机动车保有量增加、公安机关严格履行查处义务等因素不无关系，但作为一种故意犯罪，行为人醉酒后驾驶机动车的行为本质上是受其个人意志支配的一种"自由"行为。如果将行为人醉酒后驾驶机动车的行为放到整个社会秩序与公共安全的角度考虑，行为人就潜在地损害了社会整体利益，这就需要对个人"自由"行为予以制度化、强制性的控制、调和与引导，以维护更高层次的利益。

尽管"作为社会控制的一种高度专门形式的法律秩序，是建筑在政治组织社会的权力或强力之上的"，[②]但同样通过国家强制力保证实施的危险驾驶罪刑法规范却并未体现出已实现"犯罪控制"的一种有秩序的状态。[③]由此就产生一个问题，当前危险驾驶案件居高不下，是刑事立法在社会控制功能上的失控还是其他？

---

[*] 课题组成员：马鸿斌、赵敏、姜婷、刘炳君、王海霞。

[①] 张兵：《风险时代的风险刑法——以〈刑法修正案（八）草案〉增设"危险驾驶罪"为视角》，载《甘肃政法学院学报》2011 年第 1 期；戴有举：《危险驾驶罪初论——对〈中华人民共和国刑法修正案（八）（草案）第 22 条之解读〉》，载《中国刑事法杂志》2011 年第 1 期。

[②] ［美］罗·庞德：《通过法律的社会控制》，沈宗灵、董世忠译，商务印书馆 1994 年版，第 25 页。

[③] 这里的"有秩序"，并不是指犯罪消失或者明显减少，而是指同未实施危险驾驶罪之前相比，犯罪量减少或者是波动，但无论如何，都不应该是逐年递增甚至是快速递增的状态。

二、原因：法律实施的弱化

实践中，有人将危险驾驶案件增多的原因归结于立法的刑罚幅度低导致行为人违法成本低，认为应当提高危险驾驶罪的刑罚幅度。但笔者认为，违法成本低固然会在一定程度上增加醉酒驾驶的可能性，可实践中绝大多数行为人并不会从"成本与收益"角度考虑自己违法会得到什么，而是出于普遍的侥幸心理才铤而走险，这实质就是一种对不受处罚的"偶然性"的追求。进而笔者认为，在刑事立法已经明确的情况下，这里的偶然性也就指向了法律实施过程。

对于法律实施，法学家贝卡利亚曾作过经典论述，"对于犯罪最强有力的约束力量不是刑罚的严酷性，而是刑罚的必定性"。①由于刑罚执行是法律实施的重要组成部分，其提出的必定性概念也就直接点明了有效的犯罪控制尤为需要法律实施的"确定性"这一基本内涵。不可否认的是，危险驾驶罪立法实施以后，"酒后不开车、开车不喝酒"的观念已经深入人心，饮酒后驾驶的行为肯定较法律实施之前减少。但笔者所要讨论的是，正是在尽人知法的状态下，危险驾驶案件何以频发？这一现实也进一步将问题的矛头指向了危险驾驶罪的法律实施问题。笔者将当前的问题现状归结为法律实施的弱化问题，并可从以下两个方面理解。

（一）量刑从宽弱化了刑罚处罚的必定性

2014年6月，全国人大常委会授权"两高"在全国部分省市试点刑事速裁程序，并于2015年1月和11月先后两次召开由最高法、最高检、公安部、司法部参加的座谈会，以会谈纪要的形式连续出台指导办法。其中2015年11月的会谈纪要中明确提出"充分体现量刑激励"，即在犯罪嫌疑人同意适用速裁程序的情况下，可以减少基准刑的10—30%。这一改革举措的诸多优势自不再言，但适用到危险驾驶案件的问题也尤为明显：危险驾驶罪的法定刑为拘役并处罚金，拘役幅度最高才六个月，在绝大多数被告人应被判处拘役三个月左右刑期的情况下，进一步从轻处罚的空间已然非常狭小，刑罚的威慑功能也就残存无几。2016年9月，认罪认罚从宽制度开始试点，各地司法机关积极以考核的形式推动制度落实，危险驾驶案件被建议适用缓刑以及最终适用缓刑的比例进一步提高。诉讼效率固然提高，但如此的宽宥程度使得原本狭小的刑罚空间继续压缩至刑罚执行方式的变更地步，虽然看上去刑罚在执行，但已然缺少监禁刑的控制力，膨胀了公众醉酒驾驶的侥幸心理。

（二）刑罚执行的潜规则弱化了刑罚处罚的必定性

刑罚执行是刑事诉讼程序的重要组成部分，理应根据刑事审判的结果和要求进行，而不是以是否能够执行而左右刑事审判结果。但司法实践当中，有的地方看守所从自身利益出发不愿意或者拒绝接收患有心脏病、高血压或者其他严重疾病的危险驾驶罪犯，并将压力直接传导至法院审判与执行人员，法院则以执行困难为由更多地关注危险驾驶被告人的身体健康状况而非犯罪情节本身，并在很大程度上影响了判决的刑罚幅度。由此不仅产生了一种诉讼逻辑上的悖论，使得地方部门之间的利益权衡形成的潜规则影响着刑事审判的独立性，而且导致判决刑期

---

① ［意］贝卡利亚：《论犯罪与刑罚》，黄风译，中国法制出版社2002年版，第68页。

既可能减少，也可能缓期执行，还可能产生由于潜规则下的"执行困难"而予以监外执行等实际上未予执行的结果。这种由执行到审判再到执行的地方潜规则，使得判决的刑罚无法被严格而充分地执行，实质上就是对刑罚处罚必定性的削弱，使行为人产生"即使判刑了也不一定被收监"的侥幸心理。

三、法律实施有效性的规制思路

作为维护社会秩序、实现社会控制的一种手段，[①]法律的存在不仅需要正当性，而其长期存在的价值就体现在其有效性。从前文分析可以看出，危险驾驶罪的法律实施弱化问题实际上是其有效性不足的问题，而如何增强法律实施的有效性就成为当前遏制危险驾驶案件高发势头、实现危险驾驶入刑目的的治本之策。

（一）目的的一致性

由于关涉到公民人身、财产权利等重大权益，刑事法律相对于其他法律而言本身就具有高度的严肃性，又由于刑事司法的结果往往不可逆甚至是无法挽回，法律实施全程就必须保证严谨、统一，这就决定了法律实施之初就要明确行为或者活动的目的。无论是立案、侦查、审查起诉、审判还是刑事执行，每一个环节都不是独立存在的个体，而是都统辖于刑事诉讼程序当中，也都属于法律实施范畴，所要执行的都是既定的、具有强制力的国家法律，所要实现的都是犯罪控制意义上的立法目的，这也正是法律实施最基本的意义。所以，法律实施的目的理应与立法目的秉持一致性，这也是保证其"实施正确"的重要标准。

就危险驾驶罪而言，公安司法机关一方面要充分认识到危险驾驶罪的立法目的在于打击危险驾驶行为、维护社会公共安全，而实现这一目的的手段就在于刑罚的严格执行；另一方面，在贯彻认罪认罚从宽制度法定要求的同时，应当根据案件情况兼顾打击犯罪的任务，在努力实现特殊预防的同时，更加注重实现犯罪的一般预防，以追求最大多数人最大幸福。[②]

（二）行为的合法性

哈贝马斯在论及法律有效性时提到，需要"对于要求它得到规范性接受的那种主张的合法性"，[③]也就是以合法性保证有效性。笔者赞同这一观点，因为倘若法律实施过程中的司法或者执法行为本身无法可依，随心所欲，哪怕最终完成了执法任务，也会因法律秩序的破坏而损害法律的权威和执法的社会效果，所以法律实施行为的合法性理应成为其有效性的构成要件。

危险驾驶案件中的潜规则问题严重影响着法律实施的效果，实际上是法律实施行为的违法问题。就此而言，一方面，审判机关要恪守独立行使审判权的职责使命，严格按照事实、证据和法律裁判，对于犯罪情节恶劣的被告人应当在刑期及其刑罚执行方式上严格把握、严肃处理，决不能因为认罪而忽视对犯罪危害性的评价，也决不能由于看守所拒绝收押而违背事实和法律适用缓刑；另一方面，检察机关应主动履行刑事执行检察监督职能，对于不符合监外执行

---

① 参见［美］罗·庞德：《通过法律的社会控制》，沈宗灵、董世忠译，商务印书馆1994年版，第11—23页。
② ［英］边沁：《政府片论》，沈叔平等译，商务印书馆1995年版，第29页。
③ ［德］哈贝马斯：《在事实与规范之间——关于法律和民主法治国的商谈理论》，童世骏译，生活·读书·新知三联书店2014年版，第37页。

法定条件而被监外执行或者情节严重而被适用缓刑的案件，应及时向人民法院提出意见和建议，人民法院没有正当理由的，要坚决提出抗诉。

（三）成本的合理性

法律实施的动态特点在效率与价值领域的一个重要表现就是其行动的过程即意味着司法资源的耗费与实施成本的增加。整个刑事诉讼过程是每一个危险驾驶案件的必经程序，程序的启动即意味着资源的耗费，并没有因为案情简单而节约成本。但从司法实践状况看，危险驾驶案件的司法成本付出却并未产生如期的犯罪控制收益，其法律实施的有效性就大打折扣。

由此，危险驾驶案件的刑事诉讼过程要树立一种成本合理性观念，以成本合理性促进法律实施的有效性。一方面，侦查机关和检察机关应当充分结合犯罪嫌疑人的认罪认罚情况，只要事实清楚、证据确实充分就可以终结侦查或者提起公诉；另一方面，审判机关可以创新审判方式，对于一定期间内犯罪情节相似的案件集中开庭、集中宣判，以节约司法资源、提高诉讼效率。

（四）犯罪的可控性

法律有效性的重要衡量标准之一是"根据其平均被遵守情况来衡量的社会有效性"，[1]而这也是关于法律有效性最实在的衡量标准。笔者认为，尽管法律实施的效果与执法环境、政策等客观因素或者新生因素的干预有关，但从法律实施的现实角度看，无论什么原因导致了效果不佳，都是没有实现有效的犯罪控制。

"法律的执行者在任何情况下都期望法律的承受者处于不可强迫的义务感而遵守法律"，[2]所以笔者认为，一方面要继续加大危险驾驶犯罪的打击力度，处理好认罪认罚从宽与犯罪预防目的的有效实现之间的关系，充分发挥刑罚在震慑犯罪、维护秩序方面的应有价值；另一方面，需要注重从公民守法的现实需求出发，加大办案过程中的释法说理力度，将危险驾驶案件的办理过程作为以案释法过程和法治宣传过程，切实贯彻好"办理一案，教育一片"的理念。

---

① ［德］哈贝马斯：《在事实与规范之间——关于法律和民主法治国的商谈理论》，童世骏译，生活·读书·新知三联书店2014年版，第37页。

② ［德］哈贝马斯：《在事实与规范之间——关于法律和民主法治国的商谈理论》，童世骏译，生活·读书·新知三联书店2014年版，第38页。

设立中公司应属于"其他单位"

马如意[*]

从公司的筹备设立到公司的注册登记必然需要经过一段时间，在这一过程中，公司发起人以成立公司为目的而组织人力、物力、财力等资源，并形成公司前组织形态。学理上通常将这种状态称为"设立中公司"。[①]关于设立中公司是否属于职务侵占罪（刑法第二百七十一条）罪状中的"公司、企业或者其他单位"，司法实践中大多倾向于视为公司，但在学理和逻辑上仍有商榷之处。

一、设立中公司不属于所谓"公司"

有学者一方面恪守公司系依公司法设立的有限责任公司和股份有限公司，另一方面又认为"有关公司、企业登记手续还没有完全取得，就开展业务，行为人侵占单位财物的；……也成立该罪（职务侵占罪）"。[②]该观点认为设立中公司的人员系从事业务，符合职务侵占罪之主体资格，这点不应被怀疑，但此解释路径蕴涵着将设立中公司作为公司的意思，笔者却不认同。该理论系采取法律拟制技术，有公司法同一体理论的支撑[③]，虽有私法上的便宜，但也存在不可克服的立法、逻辑弊端[④]。法律体系本身应是一个在宪法统领之下能够自洽的体系，法律解释亦应追求各部门法之间的协调、无矛盾，以期维护法治统一。

根据我国公司法第六条、第七条的规定，设立公司，应当依法向公司登记机关申请设立登记。依法设立的公司，由公司登记机关发给公司营业执照。公司营业执照签发日期为公司成立日期。既然法律规定公司须经依法登记领取营业执照而成立，那么不仅私法上应遵循，在刑法解释上亦须采取同一见解，除非穷尽一切解释途径也无法避免同一见解带来的重大利益失衡。无论整个法律制度还是司法、行政实践，对公司须经登记而成立这一规定有着稳固的共识和确信，如果随意改变，将造成"公司"这一概念外延混乱。

---

[*] 马如意，山东省乳山市人民检察院控告申诉检察科科长。

[①] 施天涛：《公司法论》，法律出版社 2018 年版，第 112 页。
[②] 周光权：《刑法各论》，中国人民大学出版社 2011 年版，第 120、121 页。
[③] 同一体理论认为，设立中的公司虽然没有法律上的主体资格，但是实际上与成立后的公司属于同一体，就像在人出生前的胎儿那样，因此应当承认它的实体存在，赋予它有限程度的主体资格。参见吴庆宝主编：《最高人民法院司法政策与指导案例》，法律出版社 2011 年版，第 36—42 页。转引自朱锦清：《公司法学》，清华大学出版社 2017 年版，第 158 页。
[④] 朱锦清：《公司法学》，清华大学出版社 2017 年版，第 158 页。

二、职务侵占罪中的"单位"没必要与作为单位犯罪主体的"单位"保持一致

有学者认为，单位犯罪与职务侵占罪关于单位的界定虽有犯罪主体和被害主体之别，但在资格上应当具有一致性，以使之能与自然人以及自然人集合区分开来。[①]单位犯罪作为一种特殊犯罪形态，实系将单位作为与自然人相列的犯罪主体，从整体上看，单位包括公司、企业、事业单位、机关、团体，但在每一个具体单位犯罪中，单位主体都有具体的范围。例如，违法发放贷款罪的单位主体只能是金融机构，而不可能是其他单位类型等。通说虽然总结出作为犯罪主体的单位的四大特征，即合法性、组织性、有一定的经费和财产、独立性，并将此作为判断单位是否具备刑事责任能力的衡量标准，[②]但并未被相关司法解释和司法实践接受。根据最高法《全国法院审理金融犯罪案件工作座谈会纪要》所示标准，[③]是否构成刑法上的单位，不仅无需考虑法人资格的有无，甚至有无独立的民事行为能力与财产责任能力也变得无关紧要。[④]所以，各具体单位犯罪之单位主体尚需个别确定而无法一致，整体上单位犯罪之单位主体之内涵和外延无法确定，又怎么能要求作为单个具体犯罪的职务侵占罪所要求的单位与其一致呢？

因此，适用于单位犯罪中单位的限定性规定并非天然适用于职务侵占罪中的单位，不具有法人资格的独资、私营企业也未必不能成为职务侵占罪的单位。[⑤]况且单位犯罪旨在归责单位，重在作为主观构成要件之归责能力的判断，而职务侵占、挪用资金罪等系财产犯罪，重在通过单位建立职务（信任）关系从而建构客观构成要件。二者定位不同，意旨相异，不必一致认定，分别判断即可。

三、设立中公司具有单位的规格

设立中公司的性质在理论上有无权利能力社团说、合伙说和特殊的非法人团体说之分，比较而言，无权利能力社团说能够较好地说明设立中公司的性质，且为通说。[⑥]按照我国台湾地区民法的界定，无权能力社团系指与社团法人有同一实质，但无法人资格的团体。其与社团法人主要的区别在于，未依法律规定取得法人资格。在我国大陆，设立中公司经预登记可以有自己的预核准名称，发起人以发起人协议为基础建立组织规则，发起人或者认股人可视为设立中公司的组织成员并由其形成意思机关，开具临时账户、接受发起人的出资形成其独立财产，在筹备公司过程中可以从事市场交易。可见，设立中公司符合无权利能力社团的定位。我国民法总则将民事主体区分为自然人、法人和非法人团体，并规定法人与非法人团体亦须经登记而成

[①] 陈兴良主编：《刑法各论精释》（上），人民法院出版社2015年版，第549页。
[②] 陈兴良主编：《刑法总论精释》（下），人民法院出版社2015年版，第561页。
[③] 最高法2001年1月21日《全国法院审理金融犯罪案件工作座谈会纪要》指出："以单位的分支机构或者内设机构、部门的名义实施犯罪，违法所得亦归分支机构或者内设机构、部门所有的，应认定为单位犯罪。不能因为单位的分支机构或者内设机构、部门没有可供执行罚金的财产，就不将其认定为单位犯罪，而按照个人犯罪处理。"
[④] 陈兴良主编：《刑法总论精释》（下），人民法院出版社2015年版，第566页。
[⑤] 一人公司也是单位，而非自然人。所以，可以肯定的是，其中的一般工作人员能够成为本罪的主体。参见张明楷：《刑法学》，法律出版社2016年版，第1020页。
[⑥] 施天涛：《公司法论》，法律出版社2018年版，第115页。

立，并未承认无权利能力社团这一概念，但从刑法实质判断的角度分析，这并不妨碍设立中公司成为刑法上的单位。

综前所述，刑法上关于单位并无统一的定义，其涵义广泛，非以登记为必要。在笔者来看，单位系与自然人及自然人集合（个人合伙）相对应的概念，设立中公司并未突破单位的内涵，在"其他单位"文义的射程之内。人们会确信，工作人员系在设立中公司工作，上述认定不会损害国民之预测可能性。

四、将设立中公司解释为"其他单位"更合理

职务侵占罪罪状之"公司、企业和其他单位"与挪用资金罪、非国家工作人员受贿罪表述相同，因此关于其适用范围亦应同一认定，除非有重大理由。最高检《关于挪用尚未注册成立公司资金的行为适用法律问题的批复》（以下简称《批复》）规定，筹建公司的工作人员在公司登记注册前，利用职务上的便利，挪用准备设立的公司在银行开设的临时账户上的资金，归个人使用或者借贷给他人，数额较大、超过三个月未还的，或者虽未超过三个月，但数额较大、进行营利活动的，或者进行非法活动的，应当根据刑法第二百七十二条的规定，追究刑事责任。按照《批复》规定，设立中公司属于挪用资金罪罪状中的"公司、企业和其他单位"，那么设立中公司也应该属于职务侵占罪罪状中的"公司、企业和其他单位"，即在单位的文义涵盖范围之内。笔者认为，将设立中公司认定为"其他单位"不属于法律拟制，而应归于注意规定，意在列举"其他单位"的具体所指，对村民小组亦应如此解释。如此一来，则可以实现此类犯罪解释之间的协调。

五、对"其他单位"适用相对宽松的解释标准，有比较法的依据，也符合司法实践的需要

大陆法系国家就侵占行为采取普通侵占罪和业务侵占罪的立法模式，如德日刑法均没有规定职务侵占罪，而是规定了业务侵占罪，作为普通侵占罪的身份加重犯，该身份即是从事业务。而我国刑法采取了侵占罪和职务侵占罪的立法模式，侵占罪将侵占方式限制在"代为保管"的文义之内，又将其规定为亲告之罪，导致其适用范围明显过窄。近来经学者努力，通说已经接受侵占的规范意义（变合法持有为非法所有）。①职务侵占罪与此不同，不仅有职务限制，通说更将行为方式扩张为侵吞、诈骗、盗窃等方式。比较以上两种模式，大概可以得出，大陆法系所谓业务侵占罪的规制行为包括我国所谓自然人与其所属单位之间的职务侵吞行为和其他业务上侵占行为，前一类行为在我国刑法上系作为职务侵占罪予以规制，后一类行为在我国刑法上系作为普通侵占罪予以规制。而作为我国职务侵占罪规制的诈骗和盗窃等行为方式，在大陆法系则被诈骗罪、盗窃罪所规制。我国侵占罪的规制范围较大陆法系广，不仅包括大陆法系侵占罪，还将上述范围广泛的第二类行为囊括在内。但司法实践中侵占罪的适用相较于大陆法系少，究其原因在于侵占罪被我国刑法规定为亲告罪，大陆法系则系公诉罪。我国公民遇

---

① 高铭暄、马克昌主编：《刑法学》，中国人民大学出版社2014年版，第508页。

到此类案件，大多采民事起诉的方式，即使被害人刑事控告到法院，受制于自身举证能力，控告成功的概率更低。

鉴于这种实践状况，实践中应拓展职务侵占罪的适用空间，在司法实践中更能发挥该类罪名在周延保护财产安全的作用。而且，整体考察职务侵占罪、挪用资金罪的立法、司法沿革，可以发现以下路径：伴随市场主体的日趋多元化，对市场主体财产的刑法规制也从单一的保护国有财产演变为多元的平等保护各类市场主体财产，保护范围也从刑法第九十三条、第三百八十二条"国有公司、企业、事业单位"以及第二百七十一条第二款"国有公司、企业或国有单位"，拓展到第二百七十一条第一款中"公司、企业或其他单位"。

重视基层检察工作挑战　提供高品质司法服务

姚广平*

人民群众日益增长的美好生活需求对检察机关提出了新使命、新要求，主要体现在两个层次：一是人民群众对包括社会稳定、物质保障、民生安全、生态安全等方面的美好生活向往越发强烈，需要检察机关丰富工作内涵，以服务保障经济发展、服务保障民生安全、服务保障防范化解重大风险、精准脱贫、污染防治三大攻坚战为切入点，努力为人民群众提供更加优质的检察产品。二是人民群众对司法公正的期待越来越高，这就要求检察机关做到在惩防犯罪的同时，突出法律监督职责、规范司法。基层检察机关要适应、完成上述新使命、新要求，必须清醒认识当前面临的工作挑战，积极主动作为，提供让人民群众满意的高品质司法服务。

一、充分认识基层检察工作面临的挑战

（一）重视检察工作的均衡化发展

1.突出法律监督主责主业。基层检察机关在发展中往往存在法律监督职能相对弱化的问题，与人民群众日益增长的美好生活需要、期待更多高质量高品质的司法服务、追求公平正义的现状不相适应。切实履行好法律监督职能，要从以打击促监督转变为通过提升职业化、专业化程度，不断优化监督职能、实现精准监督。

2.构建公益诉讼工作新格局。民事诉讼法、行政诉讼法赋予了检察机关公益诉讼职责，作为一项新职能，目前公益诉讼的效果与人民群众的期盼还存在一定距离，如何突破困境，在内外部形成合力、构建公益诉讼工作新格局，使之成为基层检察工作新的增长点和发力点成为我们面临的新挑战。

（二）工作能力需要进一步提升

1.服务经济发展需找准切入点。基层检察机关如何提高运用法治思维、法治方式服务改革发展的能力，在服务保障创新驱动发展、保障非公经济健康、严格区分罪与非罪界限、注意维护企业经营秩序等方面拿出与检察工作实际相结合的有效方法与措施，服务区域社会经济的高质量发展，是目前的一大课题。

2.强化生态环境司法保护需拓展新思路。比如，在"生态优先、绿色发展"理念指导下，在成都市加快建设美丽宜居公园城市建设、龙泉驿区推进"龙泉山城市森林公园"建设的进程中，龙泉驿区检察院就不能仅仅局限于传统的办案思维、办案模式，需要密切结合各项检察

---

* 姚广平，四川省成都市龙泉驿区人民检察院检察长。

职能，编织点线明晰、联系紧密的生态司法保护网，探索生态司法保护新路径，将线索发现难、案件办理难、生态恢复难的问题逐一破解，并将相关检察职能触角延伸至社会治理领域，实现司法保护生态环境的成效最大化。

3.满足人民司法需求要构建新型检民关系。主动适应社会主要矛盾的转化，检察机关要着眼满足人民群众日益增长的司法需求。当下我们迫切需要提升人民群众对检察机关、检察职能的认知，多途径探索、建立起检察机关与人民之间的智慧纽带，把深化检务公开作为密切联系群众、推进司法民主的重要途径，将人民群众知情权、监督权保障落实到位。

二、如何提供高品质的司法服务

（一）真正树立司法为民理念

始终把人民利益摆在至高无上的地位，坚持以人为本，司法为民。具体来说，我们在龙泉驿区发展新局面中，主动把检察工作融入"先进汽车智造区、美好生活品质城"建设战略，在检察工作布局中，坚持将人民群众关注的问题作为检察工作重点，使检察工作思路、工作决策体现出司法为民理念；在检察实践中，要求检察干警彻底摒弃就案办案、机械办案的思想，通过办案努力实现法律效果、社会效果的统一，积极适应人民群众对检察工作新期待，始终做到司法为民。

（二）完善、强化检察监督

检察机关要回应新时代人民群众的新要求、新期待，把维护公平正义作为价值目标，强化法律监督。首先，检察机关须立足宪法定位，持续强化对侦查机关的立案、侦查监督，重点加强对刑事拘留强制措施监督、对案件（不）捕后监督，建立（不）捕后补充侦查或继续侦查引导取证机制；构建以抗诉为中心的刑事审判监督制度，强化诉前主导，重视庭前审查，坚决排除非法证据；对监狱、看守所刑事执行活动，加强羁押必要性审查，健全纠正久押不决案件长效机制，杜绝超期羁押和不当关押；强化未成年人检察监督工作，组建"驿路花开"帮教团队，完善未成年人犯罪社会化帮教预防体系、建设青少年法治教育实践基地等。

其次，积极开展公益诉讼。保护国家利益和社会公共利益是检察机关一项重要责任。检察机关提起公益诉讼制度是以习近平同志为核心的党中央的重大战略决策和法律明确规定，是强化法律监督、促进依法行政、保护国家和社会公益的重大制度设计。[①]为满足人民群众对生态环境、安全食品药品的需要，龙泉驿区检察院建立起将公益诉讼相关案件的审查逮捕、审查起诉、行政公益诉讼和刑事附带民事公益诉讼四项检察职能由同一个办案组织履行的一体化机制，实现案件同步审查；还创新外部协作机制，建立检律沟通机制，设立民行检察工作联络点，与公安机关、行政执法机构建立公益诉讼案件提前介入机制，全面提升公益诉讼案件办案质效。

（三）抓住重点，为三大攻坚战贡献检察力量

龙泉驿区检察院制定《检察工作服务打好"三大攻坚战"提供司法保障的十条意见》，细化措施、明确责任，为打好三大攻坚战贡献力量，回应人民需求。积极开展扫黑除恶专项斗

[①] 李自民：《深入学习贯彻党的十九大精神　做好新时代检察工作》，载《人民论坛》2017年第33期。

争，全力打击各类严重危害人民群众安全感的犯罪，重点惩治危害民生民利、非法集资、传销以及各类涉众型犯罪，依法快捕快诉虚报冒领、盗窃、诈骗扶贫资金等犯罪行为，为脱贫攻坚营造良好的法治环境；围绕龙泉山城市森林公园建设、振兴乡村建设，强化生态环境案件趋势研判，建立生态环境保护专人办理机制，严惩破坏生态环境犯罪，并以生态环境资源恢复性司法机制为平台，依托"龙泉山城市森林公园检察机关公益林养护基地"，实现惩罚犯罪与保护生态双重目的，促使龙泉驿区天更蓝、山更绿、水更清、环境更优美，构建宜居美好生活品质城。

（四）强化队伍建设

一是坚持职业化、专业化建设。克服本领恐慌，持续开展学习型检察院、学习型检察官活动，开展检察业务、实务技能培训课，努力锻造一批检察业务的拔尖、复合型人才。二是持续推进科技强检工作。推动大数据、云计算、人工智能新一代技术在检察机关的深度运用，向科技要检力，推进司法办案大数据在"智慧办案"中的应用，走出案多人少的困境，提升办案质效。加强"智慧公诉"建设，实现远程提讯、远程庭审，提高办案效率，降低办案成本。将信息技术与队伍管理、检察办公、检察决策有机结合，多维度支持检察管理。深化司法便民利民工作，以深化检务公开为重要纽带，建立掌上服务大厅，建成更加便捷高效的检察为民综合服务平台，保障人民群众对检察工作的知情权、参与权和监督权。

公益诉讼诉后监督应予重视

王英芳*

一、检察公益诉讼诉后监督的含义

检察公益诉讼案件判决或裁定生效后，诉讼程序结束，执行程序开始，案件进入诉后阶段。本阶段包括以下内容：一是判决或裁定的落实情况，如刑事附带民事公益诉讼案件被告人处理情况，民事公益诉讼案件罚款等相关资金是否到位，行政公益诉讼案件中行政行为落实情况等。二是有关资金管理情况，如判决或裁定确定由加害方所出的罚款、赔偿金等由谁管理、如何管理等。三是相关资金使用情况，如环境修复赔偿金由谁负责用于环境修复以及修复情况等。检察公益诉讼诉后监督，是指由检察机关以公益诉讼起诉人身份向人民法院所提起的诉讼，对胜诉案件进入执行阶段以后活动所进行的监督。

二、开展检察公益诉讼诉后监督的必要性

其一，开展检察公益诉讼诉后监督，是彰显宪法和法律权威的需要。检察机关在提起的民事公益诉讼案件和行政公益诉讼案件中，其身份是公益诉讼起诉人。在刑事附带民事公益诉讼案件中，其身份是公诉人兼公益诉讼起诉人。法院对这些案件所作出的判决或裁定，即使检察机关胜诉，如果不能得到执行，那只是一纸空文。所以，检察机关应当强化对胜诉判决或裁定执行的监督，彰显宪法和法律权威。

其二，强化对检察公益诉讼涉案资金管理的监督，是维护社会公共利益的需要。在检察公益诉讼案件中，检察机关作为公益诉讼起诉人，对胜诉判决或裁定中涉及资金的去向、管理等，负有不可推诿的责任。一般来说，按照有关判决或裁定的要求，加害方要到检察机关开具票据，再将资金上缴所在地财政部门管理的国库账户。但在有些地方，这些资金一入国库账户，却没有用到该用的地方，有的甚至挪做他用。这样一来，受损的公共利益没有得到补偿和保护。可见，强化对检察公益诉讼涉案资金管理的监督，能够为维护社会公共利益提供可靠的物质保障。

其三，对检察公益诉讼涉案资金使用情况实行有效监督，是规范行政行为、促进廉洁行政、维护社会公平正义的需要。检察机关民事公益诉讼所办理的案件，是"破坏生态环境和资源保护、食品药品安全领域侵害众多消费者合法权益"的案件。对生态环境和资源进行修复，

★ 王英芳，河北省任县人民检察院检察长。

对众多受害者进行经济补偿，由相关行政部门负责落实、督促，所需资金包括加害方上缴国库涉案资金及国家划拨专项资金。以修复污染水体为例，需要水务、环保部门分工合作进行。检察机关结合有关部门，对项目质量与资金使用实行有效监督，能够保证项目质量与资金的有效使用，减少职务犯罪的发生。

三、开展检察公益诉讼诉后监督的内容

一是强化对检察公益诉讼案件判决、裁定执行情况的监督。最高法、最高检《关于检察公益诉讼案件适用法律若干问题的解释》第十二条规定："人民检察院提起公益诉讼案件判决、裁定发生法律效力，被告不履行的，人民法院应当移送执行。"检察公益诉讼案件不是一般民事案件，此类案件胜诉判决或裁定的执行，无需人民检察院向审理案件的人民法院提起申请。上述规定明确了发生法律效力的检察公益诉讼案件移送执行，是人民法院的职责。在实际工作中，存在人民法院审判部门不及时移送或执行部门不及时执行的问题，对生效判决、裁定在法定时间内得不到执行的案件，检察机关应发出检察建议，督促予以执行。对于刑事附带民事公益诉讼案件，刑事部分由检察机关刑事执行检察部门负责，刑事附带民事部分按照检察公益诉讼案件办理。

二是强化对检察公益诉讼案件涉案收缴资金管理的监督。检察机关提起的民事公益诉讼案件及刑事附带民事公益诉讼案件，审判机关判决或裁定加害方将涉案资金通过检察机关上缴，它包括案件赔偿金和环境资源修复资金。检察机关不仅要保证相关资金及时收缴到位，而且要监督该项资金及时正确使用，必要时应当建议行政机关先期垫付资金使用。如发生食品药品安全、环境资源破坏案件，需要给受害群众予以赔偿，对环境资源予以修复，所需资金不可能等案件执行后再开支，而必须由行政机关先期垫付，待案件执行后再把这笔开支补上。如某化工厂非法向水库排放污水，造成箱式养鱼承包户鱼类大量死亡，下游农户用被污染的水源灌溉造成农作物大面积死亡，这就需要政府先期垫付资金，及时赔付养鱼户和农户。在判决生效后，检察机关要通过及时有效的法律监督，杜绝涉案资金一收了之现象的发生。

三是强化对检察公益诉讼案件相关环境资源修复项目的监督。由检察机关提起的环境资源破坏类公益诉讼案件，案件诉讼结束后，需要对遭到破坏的环境资源予以修复，如受到污染的水源、土壤及遭到破坏的森林、草地等。相关行政机关立项被批准资金到位后，通过发标、招标确定施工单位进行施工，项目竣工后相关部门予以验收。检察机关要监督有关行政机关，保证项目质量，杜绝项目资金使用过程中违法、违纪现象的发生。

开展检察公益诉讼诉后监督的方式，包括检察建议、公益诉讼和开展项目监督。检察建议方式适用于行政公益诉讼，检察机关应当在查明事实的基础上，指出行政机关存在的问题，违反了哪些法律规定，应当如何改正，改正的期限及给检察机关答复等。如果行政机关对检察机关的建议不予答复，检察机关则应当提出行政公益诉讼。而开展项目监督的方式只适用于环境资源修复项目。检察机关对此进行监督，不是直接干预，而是与监察、财政、审计、市场监管等部门结合，查看其有无违法行为，如资金使用是否合理、工程项目质量是否达到环境资源修复要求等。

对刑法中的"行凶"建议尽快作出明确解释

冯　强*

2018年8月发生的江苏昆山"持刀砍人反杀案"受到社会极大关注，最终司法机关认定死者刘某系持刀行凶、于某系正当防卫。笔者认为，我国刑法关于正当防卫的条文中对"行凶"一词定义的模糊，导致了对"昆山持刀砍人反杀案"定性的纠结和困惑，而这种纠结和困惑，又直接牵动着社会公众对司法公正的期盼和担忧。因此，对"行凶"一词的概念应当进行明确解释，作出更为清晰的界定。

刑法第二十条第三款规定："对正在进行的行凶、杀人、抢劫、强奸、绑架以及其他严重危及人身安全的暴力犯罪，采取防卫行为，造成不法侵害人伤亡的，不属于防卫过当，不负刑事责任。"该条款在我国被称为特别防卫条款，是公民对特定严重暴力犯罪依法行使特殊防卫权的法律依据。

我国刑法中并不存在"行凶"罪，而该条款之所以将"行凶"作为行使特殊防卫权的对象之一，并与"杀人""抢劫"等犯罪行为并列，笔者认为，其立法考量是：当公民遭遇危及其生命安全的不法暴力侵害，却又不能对暴力侵害的类型和罪名作出准确认知的情况下，依然能够依法行使特殊防卫权。

但问题也随之产生，该条款中规定的杀人、抢劫、强奸和绑架等犯罪都能在刑法中找到相应的罪名和具体的成立条件，而"行凶"一词，与"杀人、抢劫、强奸、绑架"相比，由于其具有较强的生活化色彩，并不属于严格意义上的法律术语，词义较为模糊，且与其他犯罪概念具有交叉，因而难以准确适用。

如何认定"行凶"，我国历次刑法修正案均没有作出明确的规定，有权解释的机关——全国人大和最高司法机关也未对"行凶"作出解释。这直接导致在司法办案中对"行凶"行为认定的困难，凡有类似案件，常常依靠司法人员的主观认知和主观裁判，相似的案件往往得不到相似的判决结果。

为了避免公民在严重暴力犯罪面前畏手畏脚，丧失了自我保护的最佳时机，酿成不可挽回的后果，同时又避免滥用正当防卫，引发公民之间同态复仇式的互相伤害，国家应当通过立法解释、司法解释或刑法修正案的形式对刑法第二十条第三款中的"行凶"进行适当地定义解释，明确标准、适用依据或条件等，以进一步完善我国的正当防卫条款，更科学有效地规制和指引公民依法行使正当防卫权。

---

* 冯强，安徽省铜陵市人民检察院公诉科检察官。

笔者对"行凶"一词的解释提出以下建议：

第一，排除道德标准干扰，刷新和重构认定"行凶"的视角和立场。对"行凶"的认定应打破传统的善恶对立、好坏分明的道德标准和习惯性的"专政"色彩。法律应当正视这样一种现实：在互有过错和轻微互殴的前提下，依然存在"行凶"的认定和特殊正当防卫适用空间。

应当说，法律面对的是有血有肉、善恶交织的普通人，法律应当体恤常情、常理；国家对"行凶"的认定，不能习惯性地局限于理想中的非正即邪、非黑即白和大善大恶之间。生活中往往"一个巴掌拍不响"，因偶发矛盾、口角争执、肢体冲突乃至轻微打斗所引起的严重暴力伤害案件极为普遍，一方的过错与侵害往往会激发和加剧另一方的暴力倾向，继而引发更为严重的打斗和暴力伤害，在这种情形下，不排除其中一方会陡然行凶，严重危及对方的生命安全。许多情况下"行凶"就起因于普通人的日常生活中，是个别人理性的丧失、情绪的失控和野蛮的爆发，而这正是法律应当以正当防卫加以规制的。

第二，从行凶行为的客观表征方面进行界定。刑法上的行凶行为应被界定为严重危及人身安全，足以造成他人人身伤亡的非法暴力行为。对此，笔者认为需要强调以下几点：

一是"行凶"虽不是罪名，但应符合"暴力犯罪"这一特征，且严重危及人身安全。其暴力程度应与该条文中的杀人、抢劫、强奸、绑架等犯罪的暴力程度相当。

二是行凶要求足以造成严重的人身伤亡结果。这里的"足以造成"并非指结果已经出现，而是一旦行凶未被及时阻止，便具有造成严重人身伤亡的高度盖然性。

三是在司法实践中对行凶的认定，可着重考虑以下客观因素：（1）加害人是否持有工具及工具的杀伤力、威胁性；（2）双方的力量对比是否过于悬殊；（3）侵害时间的长短、打击部位的致命程度等；（4）加害人的人格表征，如是否属于暴力团伙，有无黑恶背景等；（5）侵害结果的严重程度等。

第三，从行凶者的主观心态进行界定。行凶行为的意图和目的一般具有不确定性或难以被准确辨别，又属于造成或可能造成被害人重伤或死亡的、严重危及人身安全的行为。对于主观目的明显、能够确定具体罪名的犯罪行为，如杀人、抢劫、强奸、绑架，被害者自然可以依法行使特殊防卫权。对于难以判断目的和意图的下列严重暴力行为，则应当依法认定为行凶行为，从而行使特殊防卫权：一是起因于日常矛盾冲突，但加害一方基于事态的发展和情绪的激动愤怒而实施严重危及人身安全的暴力行为，此时施暴者的意图和目的常常因为失控、盲目、纵性而难以确定；二是无辜的一方突然遭遇犯意不明的严重危及其自身安全的暴力行为，由于事发突然，情势紧迫，无辜者一般没有足够的时间去准确地认知、思考和辨别袭击者的意图和犯罪类型。

简言之，上述因无法确定犯意而难以确定犯罪类型的行为，应被依法认定属于"行凶"。

拖欠银行通过信用卡发放的"万用金"不宜认定为恶意透支

刘晓溪*

目前，类似浦发银行"万用金"等信用贷款业务在各银行中普遍存在，其贷款通过信用卡平台发放和偿还，数额却远超信用卡授信额度。该类业务用户群体庞大，难免会出现持卡人未能及时还贷的情况。而对于经两次有效催收仍不归还的，是否应当认定为刑法第一百九十六条规定的"恶意透支"，未归还的"万用金"数额是否应计入恶意透支信用卡的数额，实践中认识不一。

笔者认为，"万用金"并非从信用卡内透支的信用额度，其本质是持卡人与银行之间的独立民事贷款，持卡人使用该贷款后未按约定偿还，应由民事法律关系调整，不应属于恶意透支行为。如将该类贷款业务视为信用卡基本功能内的信用贷款，不能及时还贷的持卡人按照恶意透支型信用卡诈骗罪定罪科刑，则显得谦抑不足。具体分析如下：

一、"万用金"有别于信用卡的消费信贷

"万用金"在发放方式、计息方式、还款方式等方面与一般信用卡的消费信贷有着明显区别。"万用金"额度是银行在信用卡授信额度之外另行批准的一笔现金贷款额度，往往可达信用卡授信额度的数倍以上。该笔贷款不是打入持卡人相应信用卡内，由持卡人根据需要进行刷卡消费或支取现金，而是直接转入持卡人的其他借记卡中。该业务同时要求持卡人必须接受分期还款，每月按期偿还本金及相应的利息、手续费等，且没有免息期。因此，"万用金"本质上是一种事先约定分期还款的独立民事贷款，其和一般信用卡透支后选择分期还款的方式有着明显不同。

二、信用卡的信用贷款功能受明确限制

虽然《全国人大常委会关于〈中华人民共和国刑法〉有关信用卡规定的解释》明确了刑法规定的"信用卡"的基本功能，即"消费支付、信用贷款、转账结算、存取现金"等，但其并没有对每项功能的具体范围、具体业务标准和操作规范作进一步解释和说明。银监会在《商业银行信用卡业务监督管理办法》第七条中明确了我国信用卡的两大特征——"具有银行授信额

★ 刘晓溪，陕西省西安市碑林区人民检察院公诉部检察官。

度和透支功能",并在第五十五条规定:"发卡银行不得为信用卡转账(转出)和支取现金提供超授信额度用卡服务。信用卡透支转账(转出)和支取现金的金额两者合计不得超过信用卡的现金提取授信额度。"以上对信用卡透支转账(转出)和支取现金金额的规定,是对信用卡基本功能所应具有业务标准的具体规范和明确限制,与上位法并不抵触。

三、拖欠"万用金"不宜认定为恶意透支

信用卡的透支功能实际是一种信用贷款,允许用户凭信用免费使用一定限额的银行资金用于消费或提现。而"万用金"这类信用贷款的额度通常远远超出信用卡的授信额度,本质上并不属于信用卡基本功能之内的信用贷款。从金融风险控制和刑法的任务来看,不宜将拖欠"万用金"认定为恶意透支。

根据现代金融理论,银行在发放信用贷款时只获得了借款人对于偿还贷款的承诺,而这种承诺能否兑现,取决于借款人未来的现金流。由于借款人未来的现金流有很大的不确定性,所以信用贷款势必要承担较大的风险。这种潜在风险要求银行在发放贷款时要严格审查和评估借款人的偿还能力、资金用途等因素,并严格限定贷款额度,以便将风险降至最低。之所以银监会在《商业银行信用卡业务监督管理办法》第五十五条作出相关限制性规定,正是为了规避和防范这一信用风险。而"万用金"这类通过信用卡平台发放和还款的远超授信额度的信用贷款,往往仅通过持卡人以往在授信额度内有良好还款记录就评估借款人有良好的偿还能力,在不过问资金用途、不签订书面协议的情况下,就发放数倍以上授信额度的信用贷款给持卡人,势必使所发放贷款不能如期收回的风险增大。换言之,发卡银行不审慎的放贷行为造成的风险,应由其自行承担,并不宜由司法机关通过刑事手段代为防范和化解。

公益诉讼案件证据调查权初探

杨若梅*

2018年3月2日，最高法、最高检联合发布施行《关于检察公益诉讼案件适用法律若干问题的解释》(以下简称《解释》)，其中第六条规定了公益诉讼案件中检察机关的证据调查权。但是由于该条规定语焉不详，造成了司法实践中的一些困惑，因此有必要对检察机关在公益诉讼案件中的证据调查权问题进行研究。

第一，检察机关的证据调查权与法院的职权探知之间的关系。最高法《关于民事诉讼证据的若干规定》(以下简称《规定》)第十五条规定，涉及可能有损社会公共利益的事实由法院依职权调查收集证据。法院过多地主动收集证据，将使其丧失中立地位，破坏诉讼构造的平衡，因此在公益诉讼案件中，应当由检察机关承担证据调查收集的责任，并在法庭调查中参与质证。当检察院或者对方当事人对某项证据的收集出现困难，而由法院收集更为便捷的时候，双方均可依据《规定》第十七条申请由法院收集证据。此外，法院还可以依据证明责任、证明妨碍等规则认定证据。在公益诉讼中，以检察机关的证据调查权为主导，法院的职权探知为有效补充的证据收集模式可以有效减轻法院角色的失衡，同时也可以明确司法分工，避免证据重复收集，从而提高司法效率。

第二，检察机关的证据调查权与监督权之间的关系。该问题实际上涉及的是检察机关在民事公益诉讼中的地位问题，即检察院是否具有超越于一般当事人的地位。《解释》第十条规定了检察院不服法院裁决的救济模式——上诉，明确了检察机关在提起公益诉讼过程中的诉讼地位。但不可否认的是，检察机关在提起公益诉讼过程中自始至终都在行使监督权。详言之，第一，检察院提起公益诉讼的诉前程序实际上就是实施法律监督权。就最高人民法院发布的指导性案例来看，检察机关对有违法行为或者怠于履行职责行为的有关部门的监督是贯穿始终的，检察机关在诉讼过程中可以针对有关部门的整改程度变更诉讼请求。第二，检察机关的机构属性决定了检察机关在发现法院存在违法行为的时候不可置之不理。《解释》第十二条规定，人民检察院提起公益诉讼案件判决、裁定发生法律效力，被告不履行的，人民法院应当移送执行。检察机关对法院是否执行上述规定有权予以监督，从而确保法律监督从头至尾落到实处。当然，诉讼监督不能影响两造平衡，不能干涉法院公正审判，这始终是公益诉讼案件的检察监督底线。检察院按照起诉人的身份行使证据调查权，提供更符合人民需要的检察产品，也是检察机关顺应改革潮流、有效履行监督职责的应有之意。

★ 杨若梅，河北省黄骅市人民检察院侦查监督科检察官助理。

　　第三，检察机关的证据调查权与当事人的证据调查权之间的关系。诉权享有的基础是诉的利益，诉之利益的确定标准是与诉讼标的有直接利害关系，检察机关作为提起公益诉讼的主体是对诉权理论的突破。将一定事项的诉权赋予特定主体，则除了该主体外，其他主体不再享有该项诉权。毋庸讳言，检察机关的胜诉与否与实体当事人的利益能否得到恢复、补偿有着直接的利害关系。因此，实体当事人有证据调查的利益驱动。尽管实体当事人对公益诉讼之诉讼标的无独立的请求权，但与案件处理结果休戚相关，因此其可以申请或者依据法院通知作为无独立请求权的第三人参加诉讼，从而享有当事人在证据调查方面的权利与义务，即实体当事人的证据与检察机关提供的证据具有同等效力。

　　此外，如果先后出现个人提起诉讼与检察机关提起公益诉讼，该如何处理证据问题？公益诉讼的公益性以及被害人的不特定多数性造成了既判力扩张的必然性。笔者认为，为减少诉累、保证裁判的统一，公益诉讼的既判力主观范围应当扩张至利益受损的未涉诉个体，既判力的客观范围应当扩张到判决理由，经法院认定过的证据，除有其他确凿的相反证据外，不得推翻，经公益诉讼裁决的诉讼标的，其他个体不得另行起诉，从而保障一事不再审原则的贯彻。《解释》第二十条规定由同一审判组织审理的方式，也是为了避免证据认定不同结果的出现，同时，尤其是个体举证能力明显低于检察机关时，既判力范围的扩张还可以减少后诉主体在举证、质证中的先天不足，从而弥合制度设计与司法实践的差距。

做新时代守护正义的"燃灯者"

孙静翊*

"燃灯者"一词让我想起了上海市高级法院原副院长邹碧华。这位从事司法工作26年，积劳成疾因公殉职时年仅47岁的法官，被习近平同志称赞为"敢啃硬骨头，甘当'燃灯者'"。

从事检察工作这几年，正是党的十八大以来中国社会面貌发生深刻变革的几年，也是法治中国建设步入快车道的几年。立案登记制实施以来，全国法院立案数量大幅增长，民告官也越来越不是新鲜事。而步入网络时代，每一起社会热点事件背后都不乏网民的关注与讨论，法治成为人民群众自发建设和协力维护的共同行为。我们切身感受到，今天的人民群众对公平正义的追求、对司法机关的期望，前所未有地高涨。

与此同时，社会矛盾更加隐蔽化、犯罪手段越发多元化、庭审公开日益常态化……如何进一步优化办案质量？如何不枉不纵做好公正天平的守护者？如何提升履职能力让人民群众更强烈地感受到司法关怀？这些都是新时代交到司法工作者手中的必答题。直面这些问题，积极回应、妥善化解、惩恶扬善，司法工作者责无旁贷。

选择了司法职业，就应当怀有"为生民立命、为天下计利"的胸襟，不仅要把它当作养家糊口的"饭碗"，更应将其视为安身立命的根本。随着司法改革向纵深推进，司法机关锐意革新勇于向自己开刀，改革阵痛显现。有人辞职选择高薪行业，有人在迷茫和浮躁中意志消沉，然而更多的人，选择了超越功利，尽责坚守，希望在新征程中大干一场，为法治中国建设留下搏击进取的个人注脚。

司法工作者需要找到个人价值与社会发展、民族振兴乃至国家富强的契合点。近年来，我们身边涌现出了一批批堪为楷模的司法工作者，从甘当改革"燃灯者"的全国模范法官邹碧华，到用生命守护正义的2017年度法治人物"年度致敬英雄"检察长俞秀成，再到二十多年如一日纠正冤假错案的检察官杜亚起……他们以舍我其谁的担当，在守卫公平正义中实现个人价值，他们始终将个人努力汇入时代洪流，始终与时代相互塑造、相互成就。

培根有一句话广为流传："一次不公正的裁判，其恶果甚至超过十次犯罪。因为犯罪虽是无视法律——好比污染了水流，而不公正的审判则毁坏法律——好比污染了水源。"其中"水源"与"水流"的比喻，告诉人们司法不公为社会最大的不公，也提示司法工作者要坚守司法品格。那些让人记忆尤深的法治烙印，孙志刚、张氏叔侄、聂树斌、赵作海、佘祥林、呼格吉勒图……每一起案件背后都有众多司法工作者的坚守，每一点法治进步都是对"水源"的再一

★ 孙静翊，浙江省慈溪市人民检察院办公室检察官助理。

次涤清。有人说，法律人如果为小己，则痛苦积增；为群利，则乐趣无穷。我想，所有奋斗在法治一线的"燃灯者"们，恐怕最能体会此中的"乐趣无穷"。

一入法门，久久为功。如何更广泛、更深入地释放司法人文关怀和法治温暖，是司法工作者需要进一步思考和解决的问题。而时代瞬息万变，新型犯罪不断涌现，法律不断修正完善，司法工作者的职业技能也在不断被挑战、被刷新，许多人难免产生本领恐慌。然非经勤学苦练，哪得凤凰涅槃。深耕本领，须静得下心啃"大部头"，也须沉得住气屏蔽各种诱惑，更要俯得下身走街串巷深入基层调查研究。不仅要具备专业的法律技能，更要有崇高坚定的法治信仰；既要善持悲悯之心，更要秉守法治之情，让每一个案件的当事人、旁观者都切实感受到公平公正，收获尊荣感、幸福感。只有如此，法治信仰的种子才能广泛播撒。

人生旅程转瞬即止，法治建设雄关漫漫。走进新时代，踏上新征程，诸位司法工作者不妨定个小目标，守卫一方平安，传递正义力量，争当默默无闻的"燃灯者"，共同照亮法治文明的璀璨辉光。

图书在版编目（CIP）数据

检察调研与指导.2018年.第6辑/万春，李雪慧主编.—北京：研究出版社，2018.12

ISBN 978-7-5199-0354-1

Ⅰ.①检… Ⅱ.①万… ②李… Ⅲ.①检察机关-工作-中国-文集 Ⅳ.①D926.3-53

中国版本图书馆CIP数据核字（2019）第006385号

检察调研与指导（2018年第6辑）

作　　者　万春　李雪慧　主编

责任编辑　张璐

出版发行　研究出版社

地　　址　北京市东城区沙滩北街 2 号中研楼

电　　话　（010）86423525　64217612

网　　址　www.yanjiuchubanshe.com

印　　刷　北京明月印务有限责任公司

开　　本　787mm×1092mm　1/16

印　　张　8.5

版　　次　2018年12月第1版　2018年12月第1次印刷

书　　号　ISBN 978-7-5199-0354-1

定　　价　36.00元

2019年《检察调研与指导》订阅回执单

银行汇款

户　名：中检清正文化传播（北京）有限公司

开户行：工行北京八大处支行

账　号：0200 0135 0920 0067 955　　　　　　　　银行行号：1021 0000 1354

联系人：左静　张慧

电　话：010－86423512 86423525 86423510 86423350

邮　箱：jcdyyzd@126.com　　　　**传　真**：010－86423512 86423525 88953983

☆汇款时请于汇款单附言栏简单注明订阅单位、套数，如"××院10套"。

☆请务必填写以下回执单，以电子邮件或传真方式发至我部，收到回执单后即开发票。

订阅单位		收件人	
办公电话		手机	
收件地址 （邮编）		电子发票 接收邮箱	
《检察调研与指导》 2019年1-6辑	订阅数量 （总定价240元）		
汇款时间		汇款金额	
汇款方式 （请通过公对公转账）	因特殊情况，以人名汇款的，请于汇款时备注单位名， 并在此填写姓名：＿＿＿＿＿＿＿＿＿＿＿＿＿＿＿。		
发票抬头			
纳税人识别号（**开票用**）			

（本回执单复印有效）